TRIBUNAIS DE CONTAS NO ESTADO DEMOCRÁTICO E OS DESAFIOS DO CONTROLE EXTERNO

CONTRACOR

JOÃO ANTONIO DA SILVA FILHO

TRIBUNAIS DE CONTAS NO ESTADO DEMOCRÁTICO E OS DESAFIOS DO CONTROLE EXTERNO

São Paulo

2019

CONTRACORRENTE

Copyright © EDITORA CONTRACORRENTE

Rua Dr. Cândido Espinheira, 560 | 3º andar
São Paulo – SP – Brasil | CEP 05004 000
www.editoracontracorrente.com.br
contato@editoracontracorrente.com.br

Editores

Camila Almeida Janela Valim
Gustavo Marinho de Carvalho
Rafael Valim

Conselho Editorial

Alysson Leandro Mascaro
(*Universidade de São Paulo – SP*)

Augusto Neves Dal Pozzo
(*Pontifícia Universidade Católica de São Paulo – PUC/SP*)

Daniel Wunder Hachem
(*Universidade Federal do Paraná – UFPR*)

Emerson Gabardo
(*Universidade Federal do Paraná – UFPR*)

Gilberto Bercovici
(*Universidade de São Paulo – USP*)

Heleno Taveira Torres
(*Universidade de São Paulo – USP*)

Jaime Rodríguez-Arana Muñoz
(*Universidade de La Coruña – Espanha*)

Pablo Ángel Gutiérrez Colantuono
(*Universidade Nacional de Comahue – Argentina*)

Pedro Serrano
(*Pontifícia Universidade Católica de São Paulo – PUC/SP*)

Silvio Luís Ferreira da Rocha
(*Pontifícia Universidade Católica de São Paulo – PUC/SP*)

Equipe editorial

Denise Dearo (design gráfico)
Maikon Nery (capa)
Juliana Daglio (revisão)

Dados Internacionais de Catalogação na Publicação (CIP)
(Ficha Catalográfica elaborada pela Editora Contracorrente)

S586   SILVA FILHO, João Antonio da.
Tribunais de Contas no Estado Democrático e os desafios do controle externo | João
Antonio da Silva Filho – São Paulo: Editora Contracorrente, 2019.

ISBN: 978-85-69220-66-4

Inclui bibliografia

1. Direito Público. 2. Direito Administrativo. 3. Controle da Administração Pública.
4. Tribunais de Contas. I. Título.

CDD: 332.4
CDU: 338.2

Impresso no Brasil
Printed in Brazil

SUMÁRIO

AGRADECIMENTOS 9

PREFÁCIO 11

APRESENTAÇÃO 13

CAPÍTULO I – O ESTADO DEMOCRÁTICO COMO INSTRUMENTO DE COMPOSIÇÃO DAS DIFERENÇAS NA SOCIEDADE 17

1.1 Introdução 17

1.2 Compor para viabilizar o convívio democrático 23

1.3 A democracia como composição das diferenças 25

1.4 A visão atual do Estado 27

CAPÍTULO II - HISTÓRICO DOS TRIBUNAIS DE CONTAS 29

2.1 Breve histórico 29

2.2 Evolução histórica dos Tribunais de Contas no Brasil 33

    2.2.1 Brasil Colônia (1500-1815) e Brasil Reino (1815-1822) ... 33

    2.2.2 No Brasil Império (1822-1889) 35

    2.2.3 No Brasil República (1889) 36

2.2.4 Constituição de 1891 39

2.2.5 Constituição de 1934 41

2.2.6 Constituição de 1937 – Estado Novo 44

2.2.7 Constituição de 1946 46

2.2.8 Constituição de 1967 49

2.2.9 Constituição de 1988 53

CAPÍTULO III – O CONTROLE DA ADMINISTRAÇÃO PÚBLICA 57

3.1 Introdução 57

3.2 Natureza e Princípios aplicados à Atividade de Controle 64

3.3 Espécies de Controle 68

    3.3.1 Controle Interno 69

    3.3.2 Controle Externo 72

3.4 O controle exercido pelos Tribunais de Contas 76

    3.4.1 Natureza jurídica dos Tribunais de Contas 79

    3.4.2 Funções dos Tribunais de Contas 83

    3.4.3 Natureza jurídica das decisões dos Tribunais de Contas 87

3.5 O controle prévio, concomitante e posterior dos Tribunais de Contas 93

CAPÍTULO IV – A INOVAÇÃO NA PRÁTICA DOS TRIBUNAIS DE CONTAS 101

4.1 Evolução do Controle externo e os novos desafios para as Cortes de Contas 101

    4.1.1 Controle da legalidade, legitimidade e economicidade 102

4.2 Inovações na prática do controle externo 107

    4.2.1 Auditorias Operacionais: valorização de políticas públicas e sua avaliação pelo resultado 108

4.2.2 Auditorias Transversais: busca pelo resultado 115

4.3 Uso de cautelares no controle preventivo e concomitante 117

4.3.1 Atuação do TCMSP no reequilíbrio econômico dos contratos de Concessão do Lixo como um novo marco de atuação dos Tribunais de Contas no controle preventivo dos gastos públicos 119

4.3.2 Atuação do TCMSP na licitação da varrição (indivisíveis de limpeza pública) no município de São Paulo 128

4.4 Termos de Ajustamento de Gestão e Mesas Técnicas: o controle agindo de forma dialógica na busca da consensualidade 133

4.5 A individualização da conduta daqueles que contribuíram para a prática do ato administrativo 135

CONCLUSÃO 141

REFERÊNCIAS BIBLIOGRÁFICAS 147

AGRADECIMENTOS

Todos sabemos que um livro não é produto apenas das elaborações filosóficas, leituras e investigações acadêmicas do seu autor, mas de um conjunto de observações e colaborações de pessoas com as quais este mantém vínculos de amizade e trocas de conhecimento.

Portanto, esta obra saiu após importantes contribuições do Mestre em Direito Filippe Lizardo e do filósofo e professor Silvio Gabriel Serrano, da revisão e formatação feitas pelo jornalista e escritor Djair Galvão, bem como das argutas observações da Mestra em Ciências Sociais Angélica Fernandes, do advogado Antônio Carlos Alves Pinto Serrano e do professor Moacir Marques da Silva.

E aos demais amigos e amigas que me concederam o privilégio de trocar valiosas conversas sobre o seu conteúdo, o meu agradecimento.

PREFÁCIO

Este trabalho do eminente presidente do Tribunal de Contas do Município de São Paulo supera o que nele se imaginava encontrar em vista de seu título: *Tribunais de Contas no Estado Democrático e os desafios do controle externo*. De fato, a primeira impressão assim despertada era a de uma análise mais restrita, estritamente cifrada nos assuntos específicos das Cortes de Contas. É claro que esta foi feita e com minúcia no livro. Entretanto a amplitude dos conhecimentos jurídicos do autor levou-o a produzir também considerações que, pelo menos a um primeiro súbito de vista, extrapolaram estes limites estritos.

Deveras, o Dr. João Antonio da Silva Filho é alguém que dispensa apresentação ou comentários prévios, visto que sua trajetória vale por si para indicar de quem se trata. Três vezes vezes vereador pelo município de São Paulo, uma vez deputado estadual paulista e também secretário do governo municipal paulistano fazem dele um homem público experiente, cujos ensinamentos merecem sempre a máxima atenção.

Com efeito, o presente livro é uma evidente demonstração da largueza de vistas com que se debruça sobre um tema específico deste ramo jurídico. De fato, trata-se de uma obra de fôlego, na qual seu tema central é abordado com uma amplitude de visão e com uma peculiar argúcia que termina por levar o leitor a profundezas que não esperava. Sem dúvida possível o tema foi integralmente examinado, mas, além disto, nele se abordaram aspectos que requeriam uma retaguarda jurídica só encontrável em estudiosos muito bem instrumentados, como aliás é o caso de João Antonio da Silva Filho. Mestre em Filosofia do Direito pela PUC de São Paulo e autor de três outros valiosos trabalhos publicados, o que faz dele um exímio cultor da ciência jurídica.

Na condução da Corte de Contas do Município de São Paulo, teve oportunidade para exibir a excelência de seus dons de homem público, seja como organizador, seja como dirigente, visto que vem produzindo uma administração da mais alta qualidade, criativa, límpida e transparente, de maneira a constituir-se em motivo de satisfação para os jurisdicionados e para os servidores daquele órgão, assim como de orgulho para a capital do Estado.

Deveras, graças à sua concepção do que devem ser estes Tribunais, ou seja, ao invés de se propor tão somente como órgãos punitivos, pretende-se acima de tudo um instrumento valioso de orientação sobre o modo de proceder das entidades estatais para que não incidam em incorreções ou ilegalidades. Este ângulo didático bem coincide com o estilo e a formação de seu Presidente, quem, embora homem extremamente cortês e afável, nem por isto deixa de ser exigente quanto à necessária lisura na condução da coisa pública.

O livro que ora vem a lume é certamente uma demonstração do papel que corresponde aos Tribunais de Contas. Somente um conhecedor do Direito, caso justamente de seu autor, poderia enunciar com tanta propriedade as características reais destes órgãos controladores. Indo ao real conteúdo das palavras constitucionais e legais, ou seja, ao sentido finalístico delas, pôde exibir seu verdadeiro alcance.

Este livro não precisaria ser recomendado, mas se precisasse, nós o faríamos com a maior convicção e prazer.

Celso Antônio Bandeira de Mello

*Professor Emérito da Pontifícia Universidade
Católica de São Paulo – PUC/SP*

APRESENTAÇÃO

O saudoso e célebre escritor português José Saramago disse certa vez uma frase que considero lapidar e que tem muito a ver com o processo de elaboração desta nova obra que ofereço aos leitores e leitoras: "Não tenhamos pressa, mas não percamos tempo".

A propósito, este é um livro que nasceu ainda nos meses anteriores ao lançamento da segunda edição – ampliada e atualizada – de "A Era do Direito Positivo", meu terceiro livro, antecessor de obras nas quais abordo questões ligadas ao Direito, Administração, Política e Estado.

Mesmo sem a "pressa" de produzir algo novo, não poderia deixar passar diante do meu olhar o tempo em que se maturam importantes reflexões sobre o papel institucional dos Tribunais de Contas nessa quadra histórica brasileira. Ainda mais quando o aparelho de Estado no nosso país passa por transformações antes nunca vistas, e que desassossegam democratas históricos, notadamente pelos retrocessos e descaminhos verificados em algumas de suas funções primordiais.

Por isso, deixo marcadas nesta obra elaborações de caráter filosófico, técnico, político e institucional, calcadas na minha experiência como Conselheiro e Presidente do Tribunal de Contas do Município de São Paulo, minha formação acadêmica na área da Filosofia do Direito e em anos de vivências políticas e na Administração Pública.

Como os leitores e leitoras perceberão, este livro não tem a pretensão de servir como manual ou farol, mas lançar um conjunto de propostas – e relatar experiências acerca do Controle Externo –, destacando a importância dos Tribunais de Contas para a consolidação do Estado Democrático de Direito, principalmente quando avalizam políticas públicas eficientes, eficazes e que buscam transpor as interferências de natureza conjuntural no seio do Estado, por conta dos processos políticos de sucessão governamental característicos do regime democrático.

As ideias aqui contidas também mostrarão o papel fundamental dos Tribunais de Contas na luta pelo fortalecimento democrático quando se antecipam aos riscos de desperdício de recursos públicos, orientam gestores e administradores, colaborando para que as ações dos órgãos da Administração melhorem a vida das pessoas.

É quase certo que operadores do Direito, agentes da Administração Pública e integrantes de Cortes de Contas tenham muita familiaridade com alguns dos assuntos aqui abordados, embora seja importante frisar que as experiências e processos que ilustram boa parte dos textos deste livro também incluem iniciativas inovadoras tomadas no âmbito do Tribunal de Contas do Município de São Paulo, cuja preocupação tem sido se somar aos demais entes e entidades ligadas às Cortes de Contas no protagonismo por um novo olhar para o Controle Externo, na discussão do seu presente e na elaboração do seu futuro.

Não foi por acaso que resolvi demarcar o território de inserção deste livro: a crescente preocupação com o papel do Controle Externo para contribuir com a melhoria da capacidade do Estado de prover políticas públicas que atendam ao interesse público. E, sabemos, o Estado sem controle abre portas ao autoritarismo, sendo necessário controlar e melhorar cada vez mais os mecanismos que compõem o aparelho estatal.

Como friso numa das passagens desta obra, o aperfeiçoamento da ação do Estado deve ser projetado em sintonia com os direitos fundamentais que têm como foco o desenvolvimento integral do ser humano. Nesse sentido, o sistema de controle da administração pública se associa à finalidade do Estado, qual seja, o bem comum.

TRIBUNAIS DE CONTAS NO ESTADO DEMOCRÁTICO...

Portanto, espero ter contemplado a observação feita por José Saramago de "não perdermos tempo". A todo tempo é dever de cidadania, de homem público e de gestor de órgão de controle externo pensar em métodos e ações que direcionem o papel do Estado para o seu fim – o bem-estar coletivo.

Capítulo I

O ESTADO DEMOCRÁTICO COMO INSTRUMENTO DE COMPOSIÇÃO DAS DIFERENÇAS NA SOCIEDADE

1.1 Introdução

Em todo o seu transcurso histórico, a humanidade, progressivamente, vem buscando formatar um modelo de Estado condizente com uma expectativa de lidar melhor com as diferenças inerentes às relações humanas. Neste estudo, faço referência aos aspectos da diversidade característicos dos seres humanos no plano subjetivo – seus valores e suas crenças – mas também àqueles produzidos pelas relações históricas, materiais, filosóficas, políticas ou sociais.

Historicamente, buscamos o estabelecimento de mecanismos capazes de definir – e pactuar – padrões de conduta que pelo equilíbrio estável continuado, atendam a composições entre o necessário respeito às liberdades individuais e o indispensável para uma boa convivência coletiva.

Essa busca não dispensa, por óbvio, o reconhecimento aos marcos de individualidade como indissociáveis às características culturais e às tradições de cada povo ou nacionalidade. O conceito de "individualidade" está aqui posto como um conjunto de atributos originários e únicos dos integrantes de cada comunidade humana.

Adianto que não alimento qualquer pretensão de fechar um diagnóstico conclusivo acerca do tema, cujos estudos demandam tempo, ocupam especialistas mundo afora e rendem (e ainda renderão) muita discussão acadêmica e política por anos a fio. Esse processo é que nos trará o novo, sabemos.

A história humana está repleta de experiências positivas e negativas e de tentativas – com maior ou menor grau de sucesso – de composição entre o "eu" e o "nós". Há sempre uma tensão quando se fala do Estado representando o todo social. Reconhecidamente, o todo e as partes vivem em conflito. Diante dessa constatação, o que deve ser valorizado? A liberdade individual ou bem-estar coletivo? Para buscar uma resposta adequada a essas indagações volto ao termo "equilíbrio estável".

Não há uma equação fácil para este velho dilema: a busca do justo equilíbrio entre a individualidade e a necessária convivência coletiva. Nem há solução natural. Aliás, padronizar a liberdade de alguém não é natural, pois homens e mulheres nasceram para serem livres. Portanto, não há que se falar em padrões de relações sociais impostos, mesmo que experiências históricas dessa tentativa não nos faltem.

Penso que, em se tratando de relações intersubjetivas e da construção da unidade de uma comunidade política, tudo aquilo que altera a natureza de homens e mulheres – no que se refere às liberdades individuais, por exemplo, só se alcançará o "equilíbrio estável" quando amplos setores sociais, na sua diversidade (raça, religiões, ideologias, orientação sexual, classes sociais etc.), enfim, são convencidos a fazer parte de uma comunidade política e aceitam pactuar regras de conduta capazes de galvanizarem a necessária harmonia social.

Podemos classificar o movimento que envolve o "eu" e o "nós" como sendo algo excêntrico. De fato, quando se trata da subjetividade humana a lógica encadeada é: penso em mim, nos meus parentes e nos amigos mais próximos para depois pensar na coletividade.

CAPÍTULO I - O ESTADO DEMOCRÁTICO COMO INSTRUMENTO...

Portanto, a velha máxima aristotélica, aquela de que "o homem é um ser sociável por natureza", é verdadeira, porém, com as devidas graduações subjetivas de cada indivíduo. Faço aqui uma observação para que os leitores não se espantem: não se trata de classificar tais graduações preferenciais boas ou más, mas de reconhecer que o ser humano estabelece um critério objetivo nas suas relações sociais – o da reciprocidade.

Vejamos: qual reciprocidade terá um indivíduo brasileiro morador de São Paulo com outro indivíduo, também brasileiro, morador no Estado do Acre se eles não se conhecem e sequer nutrem a expectativa de se conhecerem? Vivendo em um Estado de dimensões continentais, como é o Brasil, como garantir a unidade de todos os brasileiros?

Genericamente, podemos admitir como um critério viável para superar essas limitações objetivas, postas pelas relações pragmáticas entre os indivíduos, se adotarmos o "Imperativo Categórico" de Immanuel Kant. Kant, ao definir critérios capazes de harmonizar de forma justa as relações humanas, elaborou definição segundo a qual é dever de toda pessoa agir conforme os princípios que ela quer que todos os seres humanos sigam, como uma lei da natureza.[1] Sim, essa é uma máxima importante!

Diria que, na sua essência, a maioria dos seres humanos a segue intuitivamente. Não fosse assim, com certeza imperaria aquilo que Thomas Hobbes categorizou em sua clássica obra "O Leviatã" como sendo "a guerra de todos contra todos". Seria o caos permanente.

Contrastando o conceito de "Imperativo Categórico" kantiano com o "pessimismo" hobbesiano – o de que "o homem é lobo do homem" – chego a uma conclusão ponderada: o homem comum não vê no semelhante desconhecido um inimigo. Apenas não enxerga nesta relação uma reciprocidade possível e que, por consequência, tal relação não faz parte do seu mundo fático.

Na luta pela sobrevivência, se o indivíduo não fizer a sua parte, quem fará por ele? Essa é a real limitação dessa grande conquista trazida

---

[1] KANT, Immanuel. *Crítica da Razão Pura. In: Os Pensadores*. São Paulo: Abril Cultural, 1980.

pelo pensamento Liberal à humanidade – a igualdade formal. Grande conquista porque, sem ela, talvez o absolutismo tivesse prolongado sua existência com graves consequências para a humanidade. Foi a igualdade formal que transformou os rumos históricos humanos e revolucionou a ciência do Direito. "A igualdade perante a lei" se consolidou como um importante instrumento da sociedade, sempre utilizado, em geral com sucesso, no sentido limitar o poder de polícia do Estado perante os indivíduos.

Já na sua versão liberal sociológica, a igualdade formal, igualdade do ponto de partida, parece-me não ter alcançado uma repercussão positiva com as mesmas dimensões da igualdade formal perante a lei. O que pretende o Liberalismo, ao estabelecer como parâmetro de ascensão social a igualdade de oportunidades – igualdade do ponto de partida? Quis, no fundo, reconhecer as desigualdades sociais como naturais, inerentes ao convívio social, tais como: *Eu, a razão, dou-lhe a oportunidade de crescer na vida, adquirir bens, boa remuneração, acesso ao lazer, viagens, na proporção dos seus esforços. Agora é com você!*

Aqueles que assim pensam, sustentam, como móvel desenvolvimentista, o individualismo competitivo. Neste caso, este conceito de individualismo está diretamente associado ao espírito do mercado, portanto, vinculado ao conceito da livre concorrência, que por sua vez traz em si dois fundamentos: o primeiro visa, pelo estímulo, a competição, fazer a economia se desenvolver e, por consequência, pelo fomento às forças produtivas, fazer a economia girar, impulsionar o crescimento. Este, por sua vez, beneficiará a todos que, por esforço próprio, se fizerem "merecedores" de uma bonificação.

É daí que nasce o segundo fundamento: a "seleção natural dos melhores", centrado na ideia de que as desigualdades, mesmo aquelas de caráter social, são naturais – inerentes à condição humana, impossíveis, portanto, de serem superadas ou até mesmo contestadas.

Pois bem, não há como negar que a Revolução Industrial iniciada no século XVIII e, junto com ela, as ideias do Iluminismo, que embasaram o Liberalismo no mundo, estabeleceram novos paradigmas

CAPÍTULO I - O ESTADO DEMOCRÁTICO COMO INSTRUMENTO...

para as relações políticas, econômicas e sociais. Traçando uma linha do tempo, há que se reconhecer o imenso progresso humano a partir da Revolução Agrícola, que marcou a importante passagem do período coletivista para a era do cultivo organizado de variadas plantações e domesticações de animais, facilitando assim o abastecimento alimentício para contingentes cada vez maiores de seres humanos. Com essa importante transformação, para além do salto econômico e civilizatório, os seres humanos passaram viver em comunidade.

Ainda na Antiguidade, surgiu a Filosofia, alterando profundamente o pensamento humano. A partir de então os seres humanos já não eram mais "orientados" exclusivamente por deuses ou por mitos. Nasce a razão filosófica.

Outro marco importante nesse processo evolutivo foi a passagem da era artesanal para a era de produção industrial, a chamada Revolução Industrial e, junto com ela, a ascensão da burguesia como fatores determinantes de superação do Absolutismo político.

Desse processo, influenciado pelo Iluminismo, surgem o constitucionalismo e os contemporâneos Estados nacionais; agora, nesse 1/3 de século XXI estamos vivenciando a revolução tecnológica que, somado ao processo irreversível de globalização econômica e à democratização "forçada" do sistema de comunicações no mundo, faz emergirem novos paradigmas nas variadas dimensões e esferas de relacionamento humano.

Os costumes, as atividades econômicas, as relações sociais, o formato de organização política, as religiões e os comportamentos sexuais estão em processo acelerado de transformação – uma verdadeira revolução cultural está em curso.

Diante de todo o processo evolutivo, pode-se questionar: é natural um indivíduo ter milhares de hectares de terras e milhões não terem acesso a nada? O fato é que, apesar de todos os avanços históricos com conquistas civilizatórias importantes, as diferenças, aquelas inerentes aos seres humanos – seu jeito de ser, suas idiossincrasias, sua ética – são especificidades que caracterizam o modo de agir de cada sujeito e não há como padronizá-las. É por isso que o critério de justiça não se confunde com o de igualdade.

Quando olhamos para os humanos como eles se apresentam realisticamente, igualdade no sentido de não apresentarem diferenças de nenhuma espécie, a análise passa para o mundo da utopia. Por outro lado, se tomarmos como referenciais as diferenças relativas à quantidade, neste caso, temas como igualdade material ou igualdade do ponto de chegada passam a ter um sentido objetivo e, assim, as desigualdades passam a não ser naturais.

Não é da natureza humana um cidadão sozinho ter inúmeras propriedades, enquanto milhões não têm sequer uma casa para morar. Não é natural uma pessoa ter carros, helicópteros, aviões, enquanto milhões não têm recursos mínimos sequer para comer ou para pagar o seu transporte coletivo.

Nesse sentido, as diferenças estão mais para o campo das desigualdades, que também podem ser fruto da esperteza no seu sentido de atitude ardil, malandragem de chegar espertamente antes do outro, passar a perna, enfim, as diferenças valorativas aqui ganham dimensões diferenciadas, num sentido mais subjetivo: trata-se de costumes, valores culturais e, nesses casos, mais do que admissíveis, eles são necessários, uma vez respeitados na sua inteireza, e podem ser uma espécie de mola propulsora para composições saudáveis e transformadoras.

No entanto, em se tratando das diferenças, entendidas do ponto de vista quantitativo, aplicadas à Sociologia, as diferenças sociais, o "ter mais", a ambição material, não naturais, são passíveis de serem — se não eliminadas, já que reconhecemos a natureza competitiva dos sapiens — bastante amenizadas.

Em resposta ao questionamento inicial que formulei na abertura deste tópico, entendo que na atual quadra histórica, o desafio que se coloca é compreender as diferenças que envolvem as relações humanas, em todas suas dimensões, suas expectativas individuais, relacionando-as e respeitando-as para, a partir de uma composição de interesses, buscar no equilíbrio estável uma saudável convivência social. É disso

CAPÍTULO I - O ESTADO DEMOCRÁTICO COMO INSTRUMENTO...

que se trata quando se pensa a democracia como instrumento de composição das diferenças.

1.2 Compor para viabilizar o convívio democrático

O termo "tolerância" vem do Latim *"tolerare"*, que tem significado de sustentar ou suportar. É termo que carrega em si um enorme significado para aqueles que reconhecem as diferenças como inerentes ao ser humano. Define o grau de aceitação quando um indivíduo se depara com um elemento "contrário" a uma regra moral, com um posicionamento cultural, político ou ideológico diferenciado. Tem a ver com suportar inclusive as diferenças físicas, religiosas e étnicas que marcam um contingente importante da espécie humana.

Do ponto de vista da convivência social, a tolerância pode ser descrita como a capacidade de um individuo, ou de um grupo de indivíduos, de aceitar outra pessoa ou grupos de pessoas, mesmo em divergência em relação ao seu pensamento ou ao seu comportamento. A tolerância, então, é o reconhecimento da liberdade de expressão e, por consequência, é a aceitação das diferenças como inerentes ao convívio entre os seres humanos.

Tolerar é respeitar as pessoas como elas são. É saber que a unidade de uma comunidade, especialmente das comunidades políticas – a convivência social nos estados nacionais contemporâneos – é fruto da capacidade coletiva de formular acordos, e acordos não têm o mesmo significado que "conformação geral de opinião". Acordo significa o reconhecimento da existência de diferenças. O verbo "acordar" aqui ganha o sentido de entendimento ou composição.

Se não existissem diferenças não haveria necessidade da busca de entendimento. É na busca do entendimento em relação às expectativas que se constroem os acordos. Já a conformação geral de opinião está mais para a unanimidade, e a unanimidade, com raríssimas exceções, é quase impossível de ser alcançada, a não ser em pequenos grupos corporativos, temáticos ou religiosos.

Normalmente, o que ocorre nas complexas sociedades de massas, em se tratando da interação sociedade e Estado – sociedade aqui entendida como todos os integrantes de um Estado Nacional – é a busca constante por um padrão de comportamento que consiga, a partir de padrões normativos aceitáveis, estabelecer os limites das liberdades individuais. E que possam, no equilíbrio dinâmico dialético, prosperar um padrão comportamental ajustado, no tempo e no espaço, capaz de dar conta de, a partir das expectativas dos indivíduos ou grupos de indivíduos, fazer com que o Estado consiga sincronizá-los.

Isso implicaria em transformar aquilo que se expressa de forma fragmentada em desejos coletivos e, por consequência, a partir do respeito às diferenças, compor um programa de ação capaz de fazer com que todos caminhem juntos e num mesmo rumo, buscando melhorar a vida de todos.

Partindo de algumas premissas aqui descritas, resumo da seguinte forma:

– Os seres humanos são naturalmente desiguais...

– Há desigualdades que são fruto da ação humana, portanto, produto do meio...

– Que as diferenças são inerentes ao convívio entre os seres humanos...

– Que a igualdade formal – igualdade perante a lei – não resolve as desigualdades materiais, destacadamente aquelas criadas pelas ambições humanas...

– Que a igualdade do ponto de chegada – igualdade material – mesmo reconhecendo ser uma utopia, tê-la como uma meta ainda é o meio mais adequado para diminuir as desigualdades materiais...

– Que o individualismo competitivo, premissa liberal desenvolvimentista, é contraria à solidariedade como meio para o desenvolvimento integral dos seres humanos...

CAPÍTULO I - O ESTADO DEMOCRÁTICO COMO INSTRUMENTO...

– Que homens e mulheres – por sentimento solidário ou por necessidade – buscam sempre compor seus interesses para, com isso, viabilizar um convívio saudável.

Neste contexto, o Estado se apresenta e só deve ser reconhecido como legítimo quando se colocar como um porta-voz da composição, como avalista de um acordo social com vistas a ser instrumento do desenvolvimento integral do ser humano em toda a sua inteireza.

1.3 A democracia como composição das diferenças

O conceito de democracia não é fruto de uma mente brilhante que o concebeu e o impôs, alterando, assim, a realidade política. Sua fonte de inspiração vem de uma necessidade objetiva. Desde os tempos em que os homens, no seu processo evolutivo, superaram o coletivismo e começaram a se organizar em clãs, tribos ou assentamentos, os desafios de viver juntos e em harmonia foi posto.

Desde os primórdios da vida em sociedade, a humanidade busca uma forma eficaz de compor seus interesses como mecanismo de fazer com que o viver coletivamente expressasse uma progressão evolutiva humana.

Ocorre que as diferenças correntes em qualquer agrupamento humano são reconhecidamente latentes. Nos grandes aglomerados humanos, vivendo sob a égide das normas organizadoras dos Estados Nacionais contemporâneos, tais diferenças são de maior complexidade.

Quando se trata de organizar a vida em sociedade, o desafio que se coloca de imediato para os que estudam ou se preocupam com essa matéria, é tratar as diferenças intrínsecas aos indivíduos daquelas decorrentes do meio e do convívio em sociedade (não naturais).[2] Para se construir uma sociedade saudável é preciso estabelecer uma espécie de duto das expectativas individuais ou coletivas para solidificar uma convivência harmônica. Este "condutor" é a democracia.

---

[2] Por referências "não naturais" entendo aquelas que decorrem da conformação do homem ao ambiente em que ele está inserido.

25

JOÃO ANTONIO DA SILVA FILHO

Quando paramos para analisar as atuais sociedades políticas, o formato de organização dos atuais Estados, no desejo constante de impedir a guerra de todos contra todos, racionalmente, buscamos as formas mais eficazes de composição de todo um universo de interesses e, assim, alimentar perspectivas positivas para, progressivamente, estabelecer parâmetros razoáveis de convivências coletivas.

Levando em consideração as diversidades culturais, os costumes, a dispersão religiosa, as riquezas materiais e sua distribuição, o desafio que se coloca é o de abarcar todo esse universo de possibilidades no mundo dos fatos e fazer uma composição viável. Isso servirá para alimentar as expectativas de indivíduos ou grupos de indivíduos, concatená-las com realizações concretas numa progressiva melhora da qualidade de vida de todos. Quero dizer: o que dá solidez e perenidade a uma sociedade politicamente organizada é a capacidade do poder de estabelecer um liame entre os feitos/programas executados – políticas públicas que alterem, para melhor, a vida de todos – e as expectativas de todas as partes, indivíduos e coletivos de indivíduos, em relação ao que buscam para o seu futuro.

A democracia se estabelece como instrumento, fio condutor, quando consegue articular acordos que unificam a sociedade. O jusfilósofo italiano Norberto Bobbio afirma o seguinte em sua obra "O Futuro da Democracia" : "O único modo de se chegar a um acordo quando se fala em democracia, entendida como contraposta a todas as formas de governos autocráticos, é o de considerá-la caracterizada por um conjunto de regras (primárias e fundamentais) que estabelecem quem está autorizado a tomar as decisões coletivas e com quais procedimentos...".[3]

Tomando como referência os ensinamentos bobbianos, podemos afirmar que o que legitima o conjunto de um sistema jurídico, destacadamente a sua norma fundamental, é a sua eficácia social. Ou seja, os indivíduos, sabedores de suas limitações e das suas reconhecidas diferenças, buscam formalizar modos de convivência, pois só assim conseguem

---

[3] BOBBIO, Norberto. *O Futuro da Democracia*. 11ª ed., São Paulo: Editora Paz e Terra, 2009, p. 30.

CAPÍTULO I - O ESTADO DEMOCRÁTICO COMO INSTRUMENTO...

alcançar a desejada harmonia social e o fazem através do "aceite" às normas e ao pactuado politicamente, conforme estabelecido na respectiva Carta Política – Constituição.

A democracia, portanto, é um instrumento de composição social, é uma ferramenta que a política, em seu sentido lato, utiliza para harmonizar a sociedade. Em outras palavras: a democracia é produto das diferenças, mas também é instrumento de composição. É no acordo que se alcança o equilíbrio estável e não há entendimento possível sem que haja tolerância. Isso é democracia.

1.4 A visão atual do Estado

Na faculdade, quando estudamos "Teoria Geral do Estado", aprendemos que, para existir, um Estado precisa de um povo morando em determinado território e um conjunto de normas versando sobre sua organização interna e sua soberania. Esses elementos, nas doutrinas mais recentes, vêm sendo complementados pela finalidade.

As novas doutrinas, mesmo com formulações diferenciadas, trazem uma preocupação fundamental com o bem comum, ou seja, o Estado como organizador e implementador de políticas públicas capazes de fomentar o desenvolvimento dos seres humanos na sua integralidade.

Para efeito deste trabalho, o que importa é responder à seguinte pergunta: para que serve mesmo o Estado? Sim, a finalidade do Estado, em se tratando de bem comum, implica, em primeiro lugar, dar consequência ao termo "cidadania".

O conceito de cidadania tem origem na Grécia Antiga, quem era ou deixava de ser cidadão, aqueles que possuíam direitos de participar na vida da política das cidades. Como toda palavra, os avanços civilizatórios, a polissemia atuou nesta palavra e aquele conceito restrito – pessoas credenciadas para participar do processo político da cidade – nos tempos contemporâneos ganhou outra dimensão, passando a versar sobre um conjunto de valores sociais, éticos e morais que determinam o conjunto de deveres e direitos de um cidadão.

Então, para os objetivos desta obra, não interessa descrever qualquer forma de Estado. Falamos aqui de "Estado Democrático de Direitos Fundamentais".

Assim, respondendo à pergunta acima: o Estado só tem razão de ser como instrumento capaz de viabilizar políticas públicas que vão além de assegurar aos seus membros a segurança e a paz, devendo ser o garantidor de todas as conquistas civilizatórias e, por consequência, expressão de direitos fundamentais indisponíveis (o termo "indisponível" aqui ganha o sentido de autoproteção em relação às maiorias eventuais).

É importante destacar que o Estado Democrático de Direitos Fundamentais é marcado por algumas características, tais como: (i) a política como principal instrumento de mediação dos conflitos da sociedade com vistas ao poder político; (ii) a legitimidade do poder constituído vindo da sociedade por meio do sufrágio, mas não só, fruto também da democracia participativa – sociedade reunida em conselhos, ONGs, entidades corporativas – enfim, todo tipo de organização da sociedade visando influenciar o poder; (iii) uma Constituição, que expressa um pacto entre todas as forças políticas que atuam no país e todas as instituições de Estado, com o aceite da sociedade. Nesse pacto constitucional estão contidos direitos fundamentais que dão à sociedade forma organizacional, padronizam condutas, estabelecem sanções e definem todo um arcabouço de direitos e garantias que atuam como cápsula protetora da sociedade, protegendo-a das investidas autoritárias, sejam elas de pessoas ou de qualquer aparato estatal; (iv) mecanismos de freios e contrapesos, com sistemas de controles eficientes, controles formais feitos pelos entes federativos, mas também por órgãos de controle como os Tribunais de Contas, Ministério Público etc. Estes, articulados com o controle social, trabalham para coibir e impedir o uso da força, por parte do Estado, contra a sociedade.

Portanto, pode-se concluir que o Estado sem controle, com certeza, desemboca no autoritarismo.

Capítulo II

HISTÓRICO DOS TRIBUNAIS DE CONTAS

2.1 Breve histórico

Para a perfeita compreensão da importância dos Tribunais de Contas em nossa contemporaneidade faz-se necessário um rápido apanhado no sentido de, a partir de referenciais históricos, buscar seu constante aperfeiçoamento para melhor atender a expectativa da sociedade em relação à aplicação dos recursos públicos para viabilizar políticas públicas eficientes.

A preocupação da supremacia do interesse público como essência da atuação do Controle Externo vem acompanhando a trajetória histórica daquilo que a evolução da humanidade veio a conceituar como sendo o Estado.

Desde as civilizações antigas, a preocupação com o bem-estar do ser humano e a aplicação do dinheiro público tem sido objeto de controle.

A necessidade de controlar as ações daqueles que agiam como delegatários da autoridade que se impunha como soberana vem de longa data.

Aproximadamente já em 3200 a. C., no Egito Antigo, durante o império do Faraó Menés I, no contexto de uma série de obras públicas como abertura de canais de irrigação, construção de represas, palácios, pirâmides e templos, já se pode identificar figuras que seriam como "agentes do faraó", responsáveis pela cobrança e registro dos impostos – os escribas[4], e numa perspectiva similar, esse mecanismo de controle também pode ser vislumbrado na Pérsia e na Fenícia.

Na Índia, o célebre Código de Manu já albergava normas para disciplinar a administração financeira, a fiscalização e a regulamentação dos recursos públicos coletados, 1.300 anos antes de Cristo.[5]

Na China, em conformidade com a filosofia de Confúcio, a administração dos recursos públicos e as outras atividades dos governantes deveriam estar atreladas ao benefício da população, não podendo os recursos públicos serem considerados de uso privativo do imperador, além de tais recursos serem submetidos a uma rigorosa fiscalização para não serem desviados.[6]

Na Grécia Antiga, as contas dos administradores eram submetidas a uma corte composta de dez membros, escolhidos pelo povo ateniense, com jurisdição sobre os que exerciam funções administrativas.[7]

Aristóteles, na sua obra "A Política", 300 anos antes de Cristo, já registrava a importância do controle para a boa gestão dos recursos públicos: *"Mas certas magistraturas, para não dizer todas, têm o manejo dos dinheiros públicos, é forçoso que haja uma outra autoridade para receber e verificar as contas sem que ela própria seja encarregada de qualquer outro mister"*.

Assim, a existência do controle externo dos gastos públicos é uma preocupação que vem desde a Grécia antiga, onde existiu, inclusive, um Tribunal composto por dez oficiais a quem os arcontes, embaixadores e outros servidores prestavam contas.[8]

---

[4] AGUIAR, Simone Coêlho. "Origem e evolução dos tribunais de contas". *CONPEDI*. Disponível em: http://www.publicadireito.com.br/artigos/?cod=d90d801833a681b1. Acesso em 20 de julho de 2019.

[5] COSTA, Luiz Bernardo Dias Costa. *Tribunal de Contas*: evolução e principais atribuições no Estado Democrático de Direito. Belo Horizonte: Editora Fórum, 2006, p. 21.

[6] COSTA, Luiz Bernardo Dias Costa. *Tribunal de Contas*: evolução e principais atribuições no Estado Democrático de Direito. Belo Horizonte: Editora Fórum, 2006, p. 21.

[7] COSTA, Luiz Bernardo Dias Costa. *Tribunal de Contas*: evolução e principais atribuições no Estado Democrático de Direito. Belo Horizonte: Editora Fórum, 2006, p. 21.

[8] MOURA E CASTRO, Flávio Régis Xavier de. "O novo Tribunal de Contas: visão sistêmica das leis orgânicas dos Tribunais de Contas dos Estados e Municípios do Brasil".

CAPÍTULO II - HISTÓRICO DOS TRIBUNAIS DE CONTAS

Com o advento da Idade Moderna, novas instituições e legislações trataram, do ponto de vista do soberano, do controle dos recursos públicos. A exemplo da Inglaterra, que em 1665 com a aprovação do *Appropriation Bill*, já vislumbrava uma preocupação com algum grau de planejamento orçamentário. Na França, com essa mesma preocupação, durante o reinado do primeiro rei da Dinastia de Bourbon, Henrique IV, foi estruturado o "Orçamento de Previsão", reformulando a contabilidade pública para "fiscalizar os agentes de tesouro e os gastos desnecessários de administração".[9]

Na Idade Contemporânea verifica-se já um grau de formalização jurídica sobre o controle dos gastos públicos. No contexto do marco inaugural da contemporaneidade, a Revolução Francesa, *A Declaração dos Direitos do Homem e do Cidadão de 1789* afirma a necessidade de fiscalização dos recursos públicos pela sociedade ou por agentes públicos como um direito fundamental da pessoa humana:

> Art. 14. Todos os cidadãos têm o direito de verificar, pessoalmente ou por meio de representantes, a necessidade da contribuição pública, bem como de consenti-la livremente, de fiscalizar o seu emprego e de determinar-lhe a alíquota, a base de cálculo, a cobrança e a duração.
>
> Art. 15. A sociedade tem o direito de pedir, a todo agente público, que preste contas de sua administração.[10]

Nos citados artigos nota-se uma evolução substancial da preocupação com a arrecadação, destinação e controle dos recursos públicos. No caso posto, o controle deixa de ser uma preocupação apenas do

---

Revista do Tribunal de Contas do Estado de Minas Gerais, n. 10, ano 1. Belo Horizonte, pp. 127-166, 1983. *Apud* FERNADES, Jorge Ulisses Jacoby. "Tribunais de Contas do Brasil: jurisdição e competência". Belo Horizonte: Fórum, 2016, p. 138.

[9] SIMÕES, Edson. *Tribunais de Contas Municipais* ou Tribunais de Contas dos Municípios dos e Municipais. *In*: MARTINS, Ives Gandra da Silva; GODOY, Mayr (Coords.). *Tratado de Direito Municipal*. São Paulo: Quartier Latin, 2012, vol. 2, pp. 47-49.

[10] COMPARATO, Fábio Konder. A *Afirmação Histórica dos Direitos Humanos*. São Paulo: Saraiva, 2013, p. 171.

ponto de vista do soberano, e passa a ser visto como um direito dos cidadãos e da coletividade. A classe em ascensão, a burguesia, já não aceitava mais que o dinheiro arrecadado dos comuns (cidadãos) fosse objeto de controle apenas para beneficiar o interesse da Coroa.

O processo revolucionário francês, ocorrido no século XVIII, foi um marco na história da humanidade. Os ideais iluministas fundamentados em valores universais, centrados nos princípios da liberdade, igualdade e fraternidade, slogan da Revolução Francesa, formam os princípios fundantes do que veio a se consolidar como Estado Democrático de Direito, calcado sobretudo no controle do poder em seu aspecto magnânimo.

Países como Alemanha, França Itália e Bélgica foram os primeiros a vislumbrarem um nível de formalização de mecanismos de controle das contas públicas, instituindo Cortes de Contas.

Na Alemanha, antes de sua unificação, já em 1714, na Prússia, é instituída a Câmara Suprema de Contas, por Frederico Guilherme II, para uma revisão das contas da burocracia de Estado e, até 1876, ocorreram diversas modificações, quando depois da unificação dos Estados germânicos, essa Câmara passou a ser a Corte de Contas do Império Alemão.

Na França, a preocupação com o controle das contas públicas acentuada com a Revolução que sepultou o Antigo Regime, a partir do século XIX, teve seu sistema de controle consolidado, executando o Tribunal de Contas a fiscalização *a posteriori* e o encaminhamento para a apreciação do Poder Legislativo.

Na Itália, antes de sua unificação, órgãos controladores de contas já existiam em Milão (ainda sob o domínio do Império Austro-Húngaro), Florença e na Sicília. Com o advento do Reino da Itália em 1861, foi consolidada a Corte de Contas por meio da Lei 1862 que influenciou a legislação de outros países, ao instituir um sistema que

> "Controla e fiscaliza todos os atos de governo, podendo usar o veto absoluto. Exerce uma fiscalização preventiva, em que todo ato de despesa é submetido ao Tribunal para verificar sua conformidade com a lei.

CAPÍTULO II - HISTÓRICO DOS TRIBUNAIS DE CONTAS

Podia também usar a fiscalização repressiva, em que contrasta as receitas arrecadadas com a regularidade de gestão dos contratos públicos. Possuía atribuições jurisdicionais em que julga os recursos e pensões dos servidores do Estado e da "Câmara do Contencioso Contábil", por meio da fiscalização a posteriori. A fiscalização não ocorria apenas em relação à administração financeira, uma vez que todos os decretos governamentais deveriam submeter-se previamente ao visto e registro do Tribunal de Contas." [11]

A Bélgica, superando a dominação francesa de 1794 a 1814, proclamou sua independência em 1830, ano em que cria também sua Corte de Contas, confirmada pela Constituição belga de 1831. Instituindo-se um sistema peculiar que se vale de uma fiscalização admonitória, de caráter preventivo, exercido sobretudo por meio de veto editado sob condição suspensiva, até que venham esclarecimentos do Poder Executivo.

2.2 Evolução histórica dos Tribunais de Contas no Brasil

2.2.1 Brasil Colônia (1500–1815) e Brasil Reino (1815–1822)

O processo de formação do Controle Externo no Brasil se confunde com o processo de colonização brasileira.

Nos primórdios do Brasil colonial, o objetivo principal do controle era assegurar a exploração do Brasil colônia pela metrópole portuguesa. Nessa fase o controle dos Recursos Públicos no Brasil estava ligado à estruturação contábil dos interesses da Coroa Portuguesa.

No contexto do *Despotismo Esclarecido* do século XVIII, houve a instituição em 1761 do Erário Régio com a finalidade de centralizar a gestão de todas as rendas fiscais da Coroa. Instituição presidida pelo Marquês de Pombal até 1777, que contava em sua estrutura com o

---

[11] SIMÕES, Edson. "Tribunais de Contas Municipais" ou Tribunais de Contas dos Municípios dos e Municipais. *In*: MARTINS, Ives Gandra da Silva; GODOY, Mayr (Coords.). *Tratado de Direito Municipal*. São Paulo: Quartier Latin, 2012, vol. 2, pp. 54-55.

inspetor-geral, o tesoureiro-mor, o escrivão e quatro contadores-gerais. Territorialmente as competências dessa instituição eram: Contadorias da África Oriental, Rio de Janeiro, Ásia Portuguesa, África Ocidental, Maranhão, Bahia, Províncias do Reino e Ilhas dos Açores e Madeira.[12]

No reinado de D. José I, em 1782, foi instituída a Casa dos Contos do Estado do Brasil, um órgão que objetivava a ordenação e fiscalização das receitas e despesas do Estado. É oportuno lembrarmos que esse órgão tem raízes medievais em Portugal, criado por D. Dinis, no século XIII, conforme afirmam Judite Cavaleiro Paixão e Maria Alexandra Lourenço:

> "A Casa dos Contos para além de uma repartição da contabilidade pública, se bem que sobretudo numa missão que se pretendia fiscalizadora, funcionava também como tribunal onde se procedia ao julgamento das entidades que se apresentavam devedoras à fazenda real."[13]

No final do período colonial, em 1808, com a instalação da família real no Brasil, em fuga das guerras napoleônicas e para salvaguarda do império Luso, por meio do Alvará de 28 de junho de 1808, foi instituído o Erário Régio no Brasil. Com a chegada da Coroa, para o seu regular funcionamento, fez-se necessário a transferência ou fundação de várias instituições de Estado e, por consequência, acervos e corpo burocrático da metrópole com expertise no funcionamento da máquina pública, dando ao Brasil colônia, progressivamente, uma melhor estruturação estatal.

Outro ponto a ser destacado no referido período histórico: a criação dos primeiros cursos técnicos de Contabilidade e, na sequência, de cursos superiores de Contabilidade, Administração e Finanças.[14]

---

[12] SIMÕES, Edson. *Tribunais de Contas*: Controle Externo das Contas Públicas. São Paulo: Saraiva, 2014, p. 53.

[13] LOURENÇO, Maria Alexandra; PAIXÃO, Judite Cavaleiro. *Contos do Reino e Casa*. Revista do Tribunal de Contas. n. 21/22 – Janeiro/Dezembro 1994 e n. 23 – Janeiro/Setembro 1995. Lisboa: Tribunal de Contas de Portugal, pp. 10-11.

[14] MAXIMIANO, Antonio Cesar; NOHARA, Irene Patrícia. *Gestão Pública*: a

CAPÍTULO II - HISTÓRICO DOS TRIBUNAIS DE CONTAS

Em 1815 a Europa vivia um processo de conflitos políticos e sociais provocados pelas guerras napoleônicas. Portugal, aliado histórico dos ingleses, ponderando interesses estratégicos, no contexto geopolítico de instabilidade instalada na Europa em razão das pretensões hegemônicas de Napoleão, cria o "Reino Unido de Portugal, Brasil e Algarves", alterando o status jurídico do Brasil, até então Colônia, que passa a ser a sede o império luso-brasileiro.[15]

Em 1820 restaram Unidas as Contadorias do Rio e Bahia, configurando a estrutura do Erário com a Contadoria Geral de Lisboa.[16]

2.2.2 No Brasil Império (1822-1889)

No Brasil Império, ainda que não houvesse a instituição de um Tribunal de Contas, este período testemunhou uma série de intensos debates e tentativas sobre a necessidade da criação de órgãos de controle.

Nossa primeira *Carta Magna*, a Constituição Política do Império do Brasil outorgada em 1824, influenciada pelos debates iluministas e pelas teses liberais, estabeleceu como forma de governo uma monarquia unitária e hereditária, porém introduziu no seu formato jurídico de Poder mecanismos formais de freios e contrapesos, instituindo quatro Poderes: Executivo, Legislativo, Judiciário e o Poder Moderador, este último exercido pelo Imperador. Registre-se a não previsão nesta primeira Constituição de Corte de Contas, conferindo ao Tesouro Nacional status de "tribunal", nos termos do artigo 170 da Constituição imperial:

> CAPITULO III
>
> Da Fazenda Nacional
>
> Art. 170. A Receita, e despeza da Fazenda Nacional será encarregada a um Tribunal, debaixo de nome de "Thesouro Nacional" aonde

---

Abordagem Integrada da Administração e do Direito Administrativo. São Paulo: Gen /Atlas, 2017, p. 117.

[15] PALMA, Rodrigo Freitas. *História do Direito*. São Paulo: Saraiva, 2017, pp. 365-366.

[16] SIMÕES, Edson. *Tribunais de Contas*: Controle Externo das Contas Públicas. São Paulo: Saraiva, 2014, p. 54.

em diversas Estações, devidamente estabelecidas por Lei, se regulará a sua administração, arrecadação e contabilidade, em reciproca correspondencia com as Thesourarias, e Autoridades das Provincias do Imperio.

Já em 1826, os senadores José Inácio Borges, futuro Ministro da Fazenda do Império em 1831 e Felisberto Caldeira Brandt, Visconde de Barbacena e Ministro da Fazenda em 1829, inspirados no modelo francês de julgamento *a posteriori*, apresentam um projeto para a criação de um Tribunal de Contas.

O projeto é contestado por Brás Carneiro Nogueira da Costa Gama, o Conde de Baependi, em especial por seguir um modelo de controle *a posteriori*, que em sua visão seria ineficaz, acarretando somente gastos. Porém, alerta que um "tribunal de fiscalização" prévia seria uma instituição proveitosa ao Estado.[17]

Observa-se já neste período um debate importante sobre a necessidade, a forma e o momento do controle externo.

O fato é que, como qualquer debate acerca de matérias complexas e importantes, sua formulação é dependente de um processo de maturação. O processo de criação dos Tribunais de Contas no Brasil não foi diferente, em que pesem inúmeros projetos e propostas de criação apresentadas ao longo do período imperial, seu surgimento somente ocorreu na República.

2.2.3 No Brasil República (1889)

A proclamação da República exigiu um novo desenho das instituições de Estado e um novo formato de governo. Nesse contexto, entre outras, a novidade surgida foi a criação de um Tribunal de Contas.

Destaca-se, neste período, a atuação do jurista Rui Barbosa na arquitetura e no desenho institucional da Corte de Contas brasileira.

---

[17] SIMÕES, Edson. *Tribunais de Contas*: Controle Externo das Contas Públicas. São Paulo: Saraiva, 2014, p. 56.

CAPÍTULO II - HISTÓRICO DOS TRIBUNAIS DE CONTAS

Segundo Aliomar Baleeiro, Rui Barbosa, no próprio dia da proclamação da República, elabora o Decreto n 01, dando o perfil institucional da nova forma de governo, até o advento de uma nova Constituição que consolidasse o regime:

> "Rui Barbosa, no cair da noite de 15 de novembro, sentou-se, de caneta em punho, defronte duma resma de papel almaço, institucionalizando os fatos da manhã. E assim, antes que voltasse ao solo toda a poeira da cavalgada de Deodoro, começou este a assinar o Decreto orgânico que instituía o Governo Provisório da nova República. Seguiram-se a separação da Igreja e do Estado e, dia a dia, inovações políticas e jurídicas de toda a espécie."[18]

O governo provisório da República, por meio do Decreto Nº 966-A, de 07 de novembro de 1890, instituiu o Tribunal de Contas "para o exame, revisão e julgamento dos atos concernentes à receita e despesas da República". Tal documento de autoria e justificativa de Rui Barbosa "constitui entre nós o marco inicial dessa instituição."[19]

Rui Barbosa, em sua célebre exposição de motivos acerca da criação do Tribunal de Contas da União, deixa claro a urgência da instituição para a boa execução do sistema de contabilidade orçamentária, no contexto da reorganização institucional que a República estava promovendo, com o objetivo da modernização do Estado brasileiro:

> "Cumpre à República mostrar, ainda neste assumpto, a sua força regeneradora, fazendo observar escrupulosamente, no regimen constitucional em que vamos entrar, o orçamento federal. Se não se conseguir este *desideratum*: si não pudermos chegar a uma vida orçamentaria perfeitamente equilibrada, não nos será dado presumir que hajamos reconstituído a pátria, e organizado o futuro.

---

[18] BALEEIRO, Aliomar. *Constituições Brasileiras*: 1891. Brasília: Senado Federal, 1999, p. 13.

[19] BUZAID, Alfredo. "O Tribunal de Contas do Brasil". *Revista da Faculdade de Direito, Universidade de São Paulo*, vol. 62, n. 2, pp. 37-62, 1966, pp. 40-41.

É, entre nós, o sistema de contabilidade orçamentaria defeituoso em seu mecanismo e fraco de sua execução.

O Governo Provisório reconheceu a urgência inadiável de reorganizá-lo; e a medida que vem propor-vos é a criação de um Tribunal de Contas, corpo de magistratura intermediaria à administração e à legislatura, que, colocado em posição autônoma, com attribuições de revisão e julgamento, cercado de garantias – contra quaisquer ameaças, possa exercer as suas funções vitais no organismo constitucional, sem risco de converter-se em instituição de ornato aparatoso e inútil.

Só assim o orçamento, passando, em sua execução, por esse cadinho, tornar-se-á verdadeiramente essa verdade, de que se fala entre nós em vão, desde que neste país se inauguraram assembléias parlamentares."[20]

Oportuno lembrarmos que a função jurisdicional do Tribunal de Contas era admitida à época, porém o decreto não foi regulamentado, além do fato de que "o modelo para fiscalização financeira era o belga, que propunha o exame prévio dos atos administrativos, com registro sob reserva, podendo ter o veto absoluto ou proibitivo, ou veto relativo, além da fiscalização *a priori*."[21]

Sobre os modelos disponíveis aos republicanos, Alfredo Buzaid explica que a experiência universal decantou, com o passar do tempo, três tipos fundamentais de se exercer a fiscalização do orçamento: o francês, o italiano e o belga, de tal modo que "no sistema francês, o exame das contas é feito *a posteriori* ; no italiano, as despesas estão sujeitas a exame prévio; sendo vetada, não podendo realizar-se; no belga, procede-se à exame prévio; com veto relativo e registro sob reserva."[22]

---

[20] BARBOSA, Rui. "Exposição de Motivos de Rui Barbosa Sobre a Criação do TCU". *Revista do Tribunal de Contas da União*, vol.1, n.1 Brasília: TCU, 1970, pp. 253-254.

[21] SIMÕES, Edson. "Tribunais de Contas Municipais" ou Tribunais de Contas dos Municípios dos e Municipais. *In*: MARTINS, Ives Gandra da Silva; GODOY, Mayr (Coords.). *Tratado de Direito Municipal*, vol. 2, São Paulo: Quartier Latin, 2012, p. 65.

[22] BUZAID, Alfredo. "O Tribunal de Contas do Brasil". *Revista da Faculdade de Direito, Universidade de São Paulo*, vol. 62, n. 2, pp. 37-62, 1966, pp. 43-44.

CAPÍTULO II - HISTÓRICO DOS TRIBUNAIS DE CONTAS

Nota-se que o debate sobre controle prévio, concomitante e posterior já estava posto no nascedouro dos Tribunais de Contas no Brasil.

2.2.4 Constituição de 1891

A Constituição da República dos Estados Unidos do Brasil, promulgada em 24 de fevereiro de 1891, consolidou uma república presidencialista e a federação. Foi a mais concisa de nossa história, em muito pelo profundo trabalho de revisão feito por Rui Barbosa. Por essa razão, foi também chamada de "Constituição Literária".[23]

> "De 10 a 18 de junho de 1890, Rui debatia com os outros Ministros, à tarde, em sua casa, artigo por artigo, e todos eles, à noite, submetiam o trabalho vespertino à férula do Marechal. Este queria unidade da magistratura, poder de o Presidente da República dissolver o Congresso, enfim, disposições incompatíveis com o Presidencialismo federativo do figurino norte-americano ou da cópia argentina de 1853, obra de Alberdi.
>
> Rui poliu o projeto, imprimindo-lhe redação castiça, sóbria e elegante, além de ter melhorado a substância com os acréscimos de princípios da Constituição viva dos EUA, com os resultantes da *construction* da Corte Suprema em matéria de imunidade recíproca (Maryland versus Mae Callado, de 1819), de liberdade do comércio interestadual (Brown versus Maryland), recursos extraordinários no STF e vários outros."[24]

O processo de consolidação do Controle Externo no Brasil, como se vê, foi longo. Assim como a proclamação da República, o surgimento formal de um órgão de controle externo no Brasil foi profundamente influenciado pelas teses liberais iluministas, culminando, enfim, na redação do art. 89 da primeira constituição republicana:

---

[23] BALEEIRO, Aliomar. *Constituições Brasileiras*: 1891. Brasília: Senado Federal, 1999, p. 28.

[24] BALEEIRO, Aliomar. *Constituições Brasileiras*: 1891. Brasília: Senado Federal, 1999, p. 24.

Art. 89 – É instituído um Tribunal de Contas para liquidar as contas da receita e despesa e verificar a sua legalidade, antes de serem prestadas ao Congresso. Os membros deste Tribunal serão nomeados pelo Presidente da República com aprovação do Senado, e somente perderão os seus lugares por sentença.

O Regulamento n. 1.166 de 17 de dezembro de 1892, versando sobre a criação do Tribunal de Contas da União, estabeleceu as atribuições, as competências e a natureza constitucional do órgão. Tal regulamento fez com que o Tribunal de Contas da União operasse na lógica do sistema de fiscalização com o exame prévio e veto impeditivo absoluto, além de conferir força de sentença às decisões contra os responsáveis por dinheiro público.[25]

Entretanto, a efetiva instalação do Tribunal, só ocorreria em 17 de janeiro de 1893, em larga medida, motivada por Serzedello Corrêa, então Ministro da Fazenda do governo de Floriano Peixoto.

Ainda sob a égide da Constituição da República dos Estados Unidos do Brasil de 1891, no contexto da ampla autonomia concedida aos Estados, unidades da federação recém implementada, as constituições estaduais passaram a incluir a implementação de um Tribunal de Contas, a exemplo do Estado do Piauí em 1892, do Estado de São Paulo em 1921 e posteriormente, já no contexto de outras constituições republicanas; em 1935, os Estados do Ceará, Minas Gerais e Rio Grande do Sul; em 1946, o Estado do Maranhão e os demais Estados nas décadas subsequentes instituem seus Tribunais de Contas.[26]

Em 1896, a primeira Lei Orgânica do Tribunal de Contas da União se deu pelo Decreto Legislativo n. 392, com aquelas atribuições ao órgão previstas no anteriormente referido Regulamento n. 1.166 que seriam: realizar a fiscalização da administração financeira e atuar como

---

[25] SIMÕES, Edson. "Tribunais de Contas Municipais" ou Tribunais de Contas dos Municípios dos e Municipais. *In*: MARTINS, Ives Gandra da Silva; GODOY, Mayr (Coords.). *Tratado de Direito Municipal*. São Paulo: Quartier Latin, 2012, v. 2, p. 66.

[26] SIMÕES, Edson. *Tribunais de Contas*: Controle Externo das Contas Públicas. São Paulo: Saraiva, 2014, p. 69.

CAPÍTULO II - HISTÓRICO DOS TRIBUNAIS DE CONTAS

um tribunal de justiça com jurisdição voluntária, preponderando o sistema fiscalizador belga, com exame prévio e o registro sob reserva, combinado com o feito a posteriori. Uma outra função atribuída ao Tribunal de Contas da União era a consultiva, sendo-lhe facultado a emissão de parecer sobre abertura de crédito suplementar e extraordinário apresentada pelo Poder Executivo.[27]

Nos anos 1911 e 1912, respectivamente, o Decreto Legislativo n. 2.511 disciplinou a tomada de contas do governo pelo Congresso, nos termos da Constituição de 1891 e regulou as contas do Poder Executivo, que antes de serem apresentadas ao Legislativo tinham de ser submetidas, para emissão de parecer sobre as mesmas, ao Tribunal de Contas da União.

Como se verifica, a primeira Constituição Republicana consolidou formalmente o Controle Externo exercido por um órgão de estado independente, prevendo a vitaliciedade de seus membros como instrumento para assegurar sua autonomia. Esta prescrição constitucional foi acompanhada progressivamente pelos Estados Federados, consolidando definitivamente as Cortes de Contas como instrumentos essenciais para o controle da Administração Pública brasileira.

2.2.5 Constituição de 1934

Os ventos liberais continuaram a soprar aqui na américa portuguesa. O mundo já enfrentava a polarização capitalismo, teses liberais versus os primeiros experimentos socialistas com viés marxista.

Se por um lado o sucesso do liberalismo representado pelos Estados Unidos da América se fazia presente disputando a hegemonia no mundo, por outro, emergia na União das Repúblicas Soviéticas, liderada por Lênin, Trotsky, Stálin e outros, o "igualitarismo" centrado nas teses do socialismo científico pregado pelo marxismo.

---

[27] SIMÕES, Edson. *Tribunais de Contas*: Controle Externo das Contas Públicas. São Paulo: Saraiva, 2014, pp. 64-66.

JOÃO ANTONIO DA SILVA FILHO

A crise americana de 1929, acrescida dos avanços das teses socialistas no mundo, forçaram a "humanização" do capitalismo em alguns estados. O Brasil foi influenciado por este processo que resultou na Constituição do Brasil de 1934, sob a inspiração das Constituições do México de 1917, da Alemanha de 1919 e da Espanha de 1931 (Segunda República).

Esse processo pode ser considerado como um marco na construção do que veio a ser denominado Estado de Bem-Estar Social, deixando importante marca na trajetória do constitucionalismo brasileiro, sistematizado no corpo da Constituição de 1934. Os Direitos Sociais de segunda geração, a exemplo da jornada de trabalho não superior a oito horas diárias, salário mínimo, descanso semanal remunerado, proibição de práticas discriminatórias no que tange ao pagamento de vencimentos em razão do sexo, idade, nacionalidade e estado civil, além de deixar uma clara e inequívoca preocupação com as circunstâncias vividas por crianças e adolescentes, explorados por seus empregadores.

Além de ampliar as garantias individuais e coletivas, com a positivação de direitos sociais, a Constituição de 1934 dedicou uma Seção ao Tribunal de Contas, conforme os artigos 99 a 102 que, por seu turno, estava no Capítulo dirigido aos órgãos de cooperação nas atividades estatais, estando-lhe atribuída a competência, nos termos do artigo 99, de acompanhar a execução orçamentária, além de julgar as contas dos responsáveis por dinheiros ou bens públicos.

No artigo 100 foi estabelecido que os Ministros do Tribunal de Contas da União teriam as mesmas garantias dos Ministros da Corte Suprema e no que diz respeito à nomeação de seu corpo deliberativo, os Ministros seriam nomeados pelo Presidente da República, mediante aprovação do Senado Federal.

Com base no artigo 102, o texto constitucional de 1934 enfatizou a atribuição do Tribunal de Contas para emitir parecer prévio sobre as contas que o Presidente da República deveria prestar à Câmara dos Deputados, no prazo de trinta dias.

Sobre o assunto, Simone Coêlho Aguiar escreveu no estudo "Origem e Evolução dos Tribunais de Contas": "Nada obstante sua

CAPÍTULO II - HISTÓRICO DOS TRIBUNAIS DE CONTAS

curta duração, sem olvidar as modificações sofridas pelas constituições posteriores, um importante avanço foi trazido pela Carta Política de 1934, a saber, a possibilidade de suspensão do contrato por parte dos tribunais de contas e, naquela ordem constitucional, antes mesmo do pronunciamento do Legislativo".[28] Nos termos do artigo 101:

> Art 101. Os contractos que, por qualquer modo, interessarem immediatamente á receita ou á despesa, só se reputarão perfeitos e acabados, quando registrados pelo Tribunal de Contas. A recusa do registro suspende a execução do contracto até ao pronunciamento do Poder Legislativo.[29]

---

[28] AGUIAR, Simone Coêlho. "Origem e evolução dos tribunais de contas". Publica Direito. Disponível em: http://www.publicadireito.com.br/artigos/?cod=d90d801833a681b1. Acesso em 20 de julho de 2019.

[29] Constituição Federal de 1934 – SECÇÃO II Do Tribunal de Contas

Art 99. É mantido o Tribunal de Contas, que, directamente, ou por delegações organizadas de acôrdo com a lei, acompanhará a execução orçamentária e julgará as contas dos responsaveis por dinheiros ou bens publicos.

Art 100. Os Ministros do Tribunal de Contas serão nomeados pelo Presidente da Republica, com approvação do Senado Federal, e terão as mesmas garantias dos Ministros da Côrte Suprema.

Paragrapho unico. O Tribunal de Contas terá, quanto á organização do seu Regimento Interno e da sua Secretaria, as mesmas attribuições dos tribunaes judiciarios.

Art 101. Os contractos que, por qualquer modo, interessarem immediatamente á receita ou á despesa, só se reputarão perfeitos e acabados, quando registrados pelo Tribunal de Contas. A recusa do registro suspende a execução do contracto até ao pronunciamento do Poder Legislativo.

§ 1º Será sujeito ao registro prévio do Tribunal de Contas qualquer acto de administração publica, de que resulte obrigação de pagamento pelo Thesouro Nacional, ou por conta deste.

§ 2º Em todos os casos, a recusa do registro, por falta de saldo no credito ou por imputação a credito improprio, tem caracter prohibitivo; quando a recusa tiver outro fundamento, a despesa poderá effectuar-se após despacho do Presidente da Republica, registro sob reserva do Tribunal de Contas e recurso ex officio para a Camara dos Deputados.

§ 3º A fiscalização financeira dos serviços autonomos será feita pela fórma prevista nas leis que os estabelecerem.

Art 102. O Tribunal de Contas dará parecer prévio, no prazo de trinta dias, sobre as contas que o Presidente da Republica deve annualmente prestar á Camara dos

2.2.6 Constituição de 1937 – Estado Novo

O Estado Novo é tido por muitos historiadores como um golpe no processo de democratização do país. Getúlio Vargas busca um formato de governo que lhe confere poderes absolutos. Vargas via na constituição promulgada de 1934 um empecilho aos seus intentos e outorgou a Constituição de 1937, do Estado Novo.

Vargas alegava ter por missão por a salvo o Brasil da ameaça da "infiltração comunista", em especial depois da eclosão da "Intentona Comunista" ou "Revolta Vermelha" de 1935, sob a liderança de Luís Carlos Prestes. Em tal contexto apresentado como de ameaça à segurança nacional, sob a justificativa de eliminação de insurgências dessa natureza, concretiza-se o golpe de 1937, prolongando os dias de Getúlio Vargas no poder.[30]

Com o objetivo de dar uma justificativa à ação de ruptura institucional feita por Vargas em 1937, divulgou-se o controverso documento de autoria indefinida, o chamado "Plano Cohen", que relatava a suposta orquestração comunista de um golpe contra as instituições políticas do país.[31]

Francisco Campos, jurista e político mineiro, nomeado dias antes do golpe como Ministro da Justiça, recebeu a incumbência de estruturar legalmente o Estado Novo getulista, para tal, Campos buscou inspiração na Constituição da Polônia, que deu sustentação a Jozef Pilsudski em seu governo autoritário no país eslavo, por isso, a Carta outorgada em 10 de novembro de 1937 ter sido apelidada de "Polaca".[32]

O texto constitucional de 1937 instituía a supremacia do Poder Executivo em relação aos outros poderes, além de favorecer o culto à

Deputados. Se estas não lhe forem enviadas em tempo util, communicará o facto á Camara dos Deputados, para os fins de direito, apresentando-lhe, num ou noutro caso, minucioso relatorio do exercicio financeiro terminado.

[30] PALMA, Rodrigo Freitas. *História do Direito*. São Paulo: Saraiva, 2017, pp. 424-425.

[31] PALMA, Rodrigo Freitas. *História do Direito*. São Paulo: Saraiva, 2017, p. 425.

[32] PALMA, Rodrigo Freitas. *História do Direito*. São Paulo: Saraiva, 2017, p. 425.

CAPÍTULO II - HISTÓRICO DOS TRIBUNAIS DE CONTAS

personalidade tão em voga nos regimes autoritários da Europa, algo que o DIP (Departamento de Imprensa e Propaganda) explorou intensamente. Um bom exemplo da inflação dos poderes atribuídos ao Executivo em relação aos demais, no artigo 178, havia a previsão da dissolução do Poder Legislativo de todo o Brasil, nas esferas federativas: Senado Federal, Câmara dos Deputados, Assembleias Legislativas e Câmaras Municipais e, em consonância, o artigo 180 permitia ao ditador Getúlio Vargas exercer suas funções governamentais com base na expedição de decretos-leis acerca de todas as matérias legislativas que eram de competência da União. Outro ponto autoritário da Constituição de 1937 consiste no fato do Poder Judiciário perder sua independência.[33]

Acerca do Tribunal de Contas, a Constituição de 1937 o alocou na parte destinada ao Poder Judiciário, sendo-lhe atribuído apenas um artigo, que mantinha as competências para acompanhar a execução orçamentária, bem como o julgamento dos responsáveis por dinheiros e bens públicos, além de formalmente serem asseguradas as mesmas garantias dos Ministros do Supremo Tribunal Federal.[34]

No que tange à nomeação dos seus membros, remanesceu a competência do Presidente da República com aprovação do Conselho

---

[33] PALMA, Rodrigo Freitas. *História do Direito*. São Paulo: Saraiva, 2017, p. 426.

[34] DO TRIBUNAL DE CONTAS

Art. 114 – Para acompanhar, diretamente ou por delegações organizadas de acordo com a lei, a execução orçamentária, julgar das contas dos responsáveis por dinheiros ou bens públicos e da legalidade dos contratos celebrados pela União, é instituído um Tribunal de Contas, cujos membros serão nomeados pelo Presidente da República, com a aprovação do Conselho Federal. Aos Ministros do Tribunal de Contas são asseguradas as mesmas garantias que aos Ministros do Supremo Tribunal Federal.

Parágrafo único – A organização do Tribunal de Contas será regulada em lei.

Art. 114 – Para acompanhar, diretamente, ou por delegações organizadas de acordo com a lei, a execução orçamentária, julgar das contas dos responsáveis por dinheiros ou bens públicos e da legalidade dos contratos celebrados pela União, é instituído um Tribunal de Contas, cujos membros serão nomeados pelo Presidente da República. Aos Ministros do Tribunal de Contas são asseguradas as mesmas garantias que aos Ministros do Supremo Tribunal Federal. (Redação dada pela Lei Constitucional n. 9, de 1945).

Parágrafo único – A organização do Tribunal de Contas será regulada em lei. (Redação dada pela Lei Constitucional n. 9, de 1945).

Federal. Por fim, importa registrarmos que a Constituição outorgada de 1937 silencia sobre qualquer referência à emissão de parecer prévio sobre as contas prestadas pelo Chefe do Executivo Federal por parte do Tribunal de Contas da União, uma vez que "naquele cenário político de exceção as contas de governo passaram a ser objeto de parecer-relatório, com aprovação por meio de decreto-lei do próprio Presidente da República."[35]

2.2.7 Constituição de 1946

Ao final da Segunda Guerra Mundial, a vitória dos Aliados contra as forças do Eixo trouxe um refluxo do prestígio e da credibilidade que a ideologia nazifascista em todo o mundo, e por seu turno, o modelo ditatorial imposto pelo Estado Novo getulista, influenciado pelo fascismo, se enfraquece perante amplos setores da sociedade brasileira, contexto em que as Forças Armadas, em 29 de outubro de 1945, cercam o Palácio do Catete e exigem a imediata renúncia do Presidente, que culmina com o afastamento de Getúlio Vargas.[36]

José Linhares, então Ministro e Presidente do Supremo Tribunal Federal, assume por um breve período a Presidência da República até ser empossado, em 31 de janeiro de 1946, o Marechal Eurico Gaspar Dutra, eleito nas eleições realizadas no ano anterior, com a promessa de redemocratização do país. Em seu governo o Brasil vê promulgada sua quinta Constituição, em 18 de Setembro de 1946.[37]

A Constituição de 1946 – de matriz democrática – trouxe grandes inovações legislativas e confirmou as conquistas no plano dos direitos sociais. Em linhas gerais, reconheceu a urgência do fortalecimento do vínculo nacional. Esta Carta Política fortaleceu a unidade federativa, com o necessário desenvolvimento estratégico territorial.

---

[35] AGUIAR, Simone Coêlho. "Origem e Evolução dos Tribunais de Contas". Disponível em: http://www.publicadireito.com.br/artigos/?cod=d90d801833a681b1. Acesso em 20 de julho de 2019.

[36] PALMA, Rodrigo Freitas. *História do Direito*. São Paulo: Saraiva, 2017, p. 427.

[37] PALMA, Rodrigo Freitas. *História do Direito*. São Paulo: Saraiva, 2017, p. 444.

CAPÍTULO II - HISTÓRICO DOS TRIBUNAIS DE CONTAS

Outro ponto a ser destacado, segundo Aliomar Baleeiro e Barbosa Lima Sobrinho, consiste no fato de a Constituição democrática de 1946 ter dado um tratamento novo e especial aos Municípios, a ponto de chamarem esse novo olhar de "Revolução Municipalista", em larga medida, devido à percepção de um negligenciamento que os mesmos vinham sofrendo desde o advento da República e do Federalismo no Brasil, um descaso, especialmente notado na questão da arrecadação e distribuição da carga tributária nacional.[38]

Sobre o Tribunal de Contas da União, o texto constitucional de 1946 acolheu alterações no núcleo elementar da estrutura da corte, que perduram até os dias atuais.[39]

---

[38] "No decorrer do tempo, a República sacrificou muito os Municípios, não só lhes restringindo a autonomia, cada vez mais ameaçada pelos Estados, senão também os desfavorecendo na discriminação das rendas políticas. Pouco a pouco, a fatia do leão coube ao Tesouro Federal, que arrecadava mais de 63% dos tributos pagos a todos os brasileiros, ao passo que os Municípios, em 1945, não chegavam a receber 7%, cabendo a diferença aos Estados (mais ou menos 30%).

Esse fenômeno impressionou vivamente os constituintes. Para melhorar as finanças dos Municípios, deram-lhes todo o Imposto de Indústrias e Profissões (antes tinham só 50% dele); uma quota em partes iguais, no rateio de 10% do Imposto de Renda excluídas as capitais; e quando a arrecadação estadual de impostos, salvo o de exportação, excedesse, em Município que não seja o da capital, o total das rendas locais de qualquer natureza BALEEIRO, Aliomar; Barbosa Lima Sobrinho. *1946*. Brasília: Senado Federal, Coordenação de Edições Técnicas, 2015. (Coleção Constituições brasileiras; vol. 5), p. 13.

[39] Art. 22 – A administração financeira, especialmente a execução do orçamento, será fiscalizada na União pelo Congresso Nacional, com o auxílio do Tribunal de Contas, e nos Estados e Municípios pela forma que for estabelecida nas Constituições estaduais.

Parágrafo único – Na elaboração orçamentária se observará o disposto nos arts. 73 a 75.

Art. 76 – O Tribunal de Contas tem a sua sede na Capital da República e jurisdição em todo o território nacional.

§ 1º Os Ministros do Tribunal de Contas serão nomeados pelo Presidente da República, depois de aprovada a escolha pelo Senado Federal, e terão os mesmos direitos, garantias, prerrogativas e vencimentos dos Juízes do Tribunal Federal de Recursos.

§ 2º O Tribunal de Contas exercerá, no que lhe diz respeito, as atribuições constantes do art. 97, e terá quadro próprio para o seu pessoal.

Art. 77 – Compete ao Tribunal de Contas:

I – acompanhar e fiscalizar diretamente, ou por delegações criadas em lei, a execução do orçamento;

JOÃO ANTONIO DA SILVA FILHO

Registra-se que pela primeira vez ocorreu a vinculação dos Tribunais de Contas ao Poder Legislativo, incluindo-o no Capítulo destinado ao Poder Legislativo. Nos termos do artigo 22, a fiscalização financeira da União foi atribuída ao Congresso Nacional, com o auxílio do Tribunal de Contas da União.

A escolha e aprovação dos seus membros foram atribuídas ao Senado Federal para posterior nomeação pelo Presidente da República e aos seus Ministros do Tribunal de Contas eram-lhes conferidos os mesmos direitos, garantias, prerrogativas e vencimentos dos juízes do Tribunal Federal de Recursos[40], nos termos do artigo 76, § 1º.

Ainda sobre as inovações que a Constituição de 1946 trouxe acerca do Tribunal de Contas da União, importa ressaltarmos a ampliação do seu rol de competências, paralelamente à tradicional competência constitucional de acompanhamento e fiscalização da execução do orçamento e do julgamento das contas de responsáveis por dinheiros e outros bens públicos, incluindo os administradores de entidades autárquicas, além do julgamento

---

II – julgar as contas dos responsáveis por dinheiros e outros bens públicos, e as dos administradores das entidades autárquicas;

III – julgar da legalidade dos contratos e das aposentadorias, reformas e pensões.

§ 1º Os contratos que, por qualquer modo, interessarem à receita ou à despesa só se reputarão perfeitos depois de registrados pelo Tribunal de Contas. A recusa do registro suspenderá a execução do contrato até que se pronuncie o Congresso Nacional.

§ 2º Será sujeito a registro no Tribunal de Contas, prévio ou posterior, conforme a lei o estabelecer, qualquer ato de Administração Pública de que resulte obrigação de pagamento pelo Tesouro nacional ou por conta deste.

§ 3º Em qualquer caso, a recusa do registro por falta de saldo no crédito ou por imputação a crédito impróprio terá caráter proibitivo. Quando a recusa tiver outro fundamento, a despesa poderá efetuar-se, após despacho do Presidente da República, registro sob reserva do Tribunal de Contas e recurso ex officio para o Congresso Nacional.

§ 4º O Tribunal de Contas dará parecer prévio, no prazo de sessenta dias, sobre as contas que o Presidente da República deverá prestar anualmente ao Congresso Nacional. Se elas não lhe forem enviadas no prazo da lei, comunicará o fato ao Congresso Nacional para os fins de direito, apresentando-lhe, num e noutro caso, minucioso relatório de exercício financeiro encerrado.

[40] AGUIAR, Simone Coêlho. Origem e evolução dos Tribunais de Contas. Acesso em 20 de julho de 2019. http://www.publicadireito.com.br/artigos/?cod=d90d801833a681b1.

CAPÍTULO II - HISTÓRICO DOS TRIBUNAIS DE CONTAS

da legalidade dos contratos e da faculdade de sua suspensão pelo tribunal, foi inserido no seu acervo de competências o julgamento da legalidade dos contratos e a possibilidade de suspensão dos mesmos pela Corte de Contas, além de ser incluído exame de legalidade de atos de aposentadorias, reformas e pensões, restaurando-se também a competência de emitir parecer prévio às contas de governo do Presidente da República[41], nos termos do artigo 77.

Um último ponto a ser destacado é sobre o momento em que o controle é exercido: a Constituição de 1946 fez um mescla dos controles *a posteriori*, prévio e concomitante, conforme explica Jair Lima Santos: "O controle, preponderantemente exercido *a posteriori*, passou a ser concomitante com relação aos contratos e prévio em relação aos atos que implicassem encargos para o Tesouro, na forma da lei infraconstitucional".[42]

2.2.8 Constituição de 1967

Após o golpe de 1964 e a imposição de uma ditadura, os militares editam uma série de "Atos Institucionais" com o objetivo de apresentar à sociedade "uma versão jurídica" dos fatos ocorridos e preparar a gradativa eliminação de opositores e críticos ao regime. Apesar de a Constituição de 1946 estar formalmente em vigor no país, tinha se tornado inócua perante as novas diretrizes impostas pelo ditatorial regime militar.[43]

A sexta Constituição do Brasil entra em vigor em 15 de março de 1967 e estrutura politicamente no plano jurídico a exacerbação do Poder Executivo da União, sob o domínio dos militares, em relação aos demais poderes e sobre a sociedade:[44]

---

[41] AGUIAR, Simone Coêlho. "Origem e Evolução dos Tribunais de Contas". Disponível em: http://www.publicadireito.com.br/artigos/?cod=d90d801833a681b1. Acesso em 20 de julho de 2019.

[42] SANTOS, Jair Lima. *Tribunal de Contas da União & controles estatal e social da Administração Pública*. Curitiba: Juruá, 2005, p. 59. Apud AGUIAR, Simone Coêlho. "Origem e Evolução dos Tribunais de Contas". Disponível em: http://www.publicadireito. com.br/artigos/?cod=d90d801833a681b1. Acesso em 20 de julho de 2019.

[43] PALMA, Rodrigo Freitas. *História do Direito*. São Paulo: Saraiva, 2017, p. 450.

[44] Constituição de 1967 SEÇÃO VII – Da Fiscalização Financeira e Orçamentária:

JOÃO ANTONIO DA SILVA FILHO

"O objetivo preponderante dos militares centrava-se em dotar os membros do Poder Executivo de poderes quase que absolutos,

---

Art. 71 – A fiscalização financeira e orçamentária da União será exercida pelo Congresso Nacional através de controle externo, e dos sistemas de controle interno do Poder Executivo, instituídos por lei.

§ 1º O controle externo do Congresso Nacional será exercido com o auxílio do Tribunal de Contas e compreenderá a apreciação das contas do Presidente da República, o desempenho das funções de auditoria financeira e orçamentária, e o julgamento das contas dos administradores e demais responsáveis por bens e valores públicos.

§ 2º O Tribunal de Contas dará parecer prévio, em sessenta dias, sobre as contas que o Presidente da República prestar anualmente. Não sendo estas enviadas dentro do prazo, o fato será comunicado ao Congresso Nacional, para os fins de direito, devendo o Tribunal, em qualquer caso, apresentar minucioso relatório do exercício financeiro encerrado.

§ 3º A auditoria financeira e orçamentária será exercida sobre as contas das unidades administrativas dos três Poderes da União, que, para esse fim, deverão remeter demonstrações contábeis ao Tribunal de Contas, a quem caberá realizar as inspeções que considerar necessárias.

§ 4º O julgamento da regularidade das contas dos administradores e demais responsáveis será baseado em levantamentos contábeis, certificados de auditoria e pronunciamentos das autoridades administrativas, sem prejuízo das inspeções referidas no parágrafo anterior.

§ 5º As normas de fiscalização financeira e orçamentária estabelecidas nesta seção aplicam-se às autarquias.

Art. 72 – O Poder Executivo manterá sistema de controle interno, visando a:

I – criar condições indispensáveis para eficácia do controle externo e para assegurar regularidade à realização da receita e da despesa;

II – acompanhar a execução de programas de trabalho e do orçamento;

III – avaliar os resultados alcançados pelos administradores e verificar a execução dos contratos.

Art. 73 – O Tribunal de Contas tem sede na Capital da União e jurisdição em todo o território nacional.

§ 1º O Tribunal exercerá, no que couber, as atribuições previstas no art. 110, e terá quadro próprio para o seu pessoal.

§ 2º A lei disporá sobre a organização do Tribunal podendo dividí-lo em Câmaras e criar delegações ou órgãos destinados a auxiliá-lo no exercício das suas funções e na descentralização dos seus trabalhos.

§ 3º Os Ministros do Tribunal de Contas serão nomeados pelo Presidente da República, depois de aprovada a escolha pelo Senado Federal, dentre brasileiros, maiores de trinta e cinco anos, de idoneidade moral e notórios conhecimentos jurídicos, econômicos, financeiros ou de administração pública, e terão as mesmas garantias, prerrogativas, vencimentos e impedimentos dos Ministros do Tribunal Federal de Recursos.

CAPÍTULO II - HISTÓRICO DOS TRIBUNAIS DE CONTAS

para que estes não se resignassem mais ao reconhecimento das atribuições e competências próprias do Legislativo ou do Judiciário e pudessem, assim, melhor ancorar suas futuras investidas, tendo por escusa a letra fria da lei."[45]

No que tange ao perfil constitucional do Tribunal de Contas da União, o mesmo foi alocado no capítulo referente ao Poder Legislativo, mais especificamente na seção da fiscalização financeira e orçamentária, conforme os artigos 71 a 73. Segundo Simone Coêlho Aguiar, "Uma das principais inovações desse texto constitucional foi a utilização das locuções 'controle interno' e 'controle externo', evidenciando assim a introdução desses sistemas de controle da Administração Pública *latu senso*."[46]

Nos termos do artigo 71, § 3º, o texto constitucional de 1967 prevê a realização de auditoria financeira e orçamentária nas contas das

---

§ 4º No exercício de suas atribuições de controle da administração financeira e orçamentária, o Tribunal representará ao Poder Executivo e ao Congresso Nacional sobre irregularidades e abusos por ele verificados.

§ 5º O Tribunal de Contas, de ofício ou mediante provocação do Ministério Público ou das Auditorias Financeiras e Orçamentárias e demais órgãos auxiliares, se verificar a ilegalidade de qualquer despesa, inclusive as decorrentes de contratos, aposentadorias, reformas e pensões, deverá:

a) assinar prazo razoável para que o órgão da Administração Pública adote as providências necessárias ao exato cumprimento da lei;

b) no caso do não atendimento, sustar a execução do ato, exceto em relação aos contratos;

c) na hipótese de contrato, solicitar ao Congresso Nacional que determine a medida prevista na alínea anterior, ou outras que julgar necessárias ao resguardo dos objetivos legais.

§ 6º O Congresso Nacional deliberará sobre a solicitação de que cogita a alínea c do parágrafo anterior, no prazo de trinta dias, findo o qual, sem pronunciamento do Poder Legislativo, será considerada insubsistente a Impugnação.

§ 7º O Presidente da República poderá ordenar a execução do ato a que se refere a alínea b do § 5 º, *ad referendum* do Congresso Nacional.

§ 8º O Tribunal de Contas julgará da legalidade das concessões iniciais de aposentadorias, reformas e pensões, independendo de sua decisão as melhorias posteriores.

[45] PALMA, Rodrigo Freitas. "História do Direito". São Paulo: Saraiva, 2017, p. 451-452.

[46] AGUIAR, Simone Coêlho. "Origem e Evolução dos Tribunais de Contas". Disponível em: http://www.publicadireito.com.br/artigos/?cod=d90d801833a681b1. Acesso em 20 de julho de 2019.

unidades administrativas dos três Poderes da União. Conforme o artigo 71, § 4º, institui-se que o julgamento da regularidade das contas dos administradores e demais responsáveis restaria fundamentado em levantamentos contábeis, certificados de auditoria e pronunciamento das autoridades administrativas, outro ponto a ser destacado, no que tange à ação fiscalizadora, restou a previsão de atuação de ofício ou mediante provocação do Ministério Público, das auditorias financeiras e orçamentárias, assim como dos demais órgãos auxiliares.

Sobre a composição dos membros da Corte de Contas, na Carta Política de 1967 o Presidente da República nomeava os Ministros do Tribunal de Contas da União, depois da escolha e aprovação pelo Senado Federal. Entretanto, Aguiar nos recorda que "diferentemente dos textos constitucionais anteriores, foram incluídos requisitos mínimos, dentre eles o fator idade (maior de 35 anos), necessidade de idoneidade moral e notórios conhecimentos jurídicos, econômicos, financeiros ou de administração pública",[47] nos termos do artigo 73, § 3º.

Sobre a possibilidade de sustação de ato ou contrato ilegal, houve a instrução da seguinte disciplina, no que tange ao ato, o Tribunal de Contas da União, num primeiro momento, fixaria um prazo razoável para a Administração Pública tomar medidas cabíveis para a correção da ilegalidade; não sendo atendido, haveria a possibilidade de sustação do ato e, acerca dos contratos, o Tribunal de Contas da União teria que solicitar ao Congresso Nacional para que se determinasse a suspensão.

Aos 17 de dezembro de 1969 foi editada a Emenda Constitucional n. 01, promovendo profundas alterações no texto constitucional de 1967, o que para muitos juristas seria não propriamente uma emenda, mas uma nova Constituição, com o objetivo de autorizar o regime que recrudescia desde o Ato Institucional n. 05, a adoção de mais medidas de exceção.[48]

---

[47] AGUIAR, Simone Coêlho. "Origem e Evolução dos Tribunais de Contas". Disponível em: http://www.publicadireito.com.br/artigos/?cod=d90d801833a681b1. Acesso em 20 de julho de 2019.

[48] PALMA, Rodrigo Freitas. *História do Direito*. São Paulo: Saraiva, 2017, p. 453.

CAPÍTULO II - HISTÓRICO DOS TRIBUNAIS DE CONTAS

A Emenda n. 01 de 1969, além de autorizar a criação de Tribunais de Contas em Municípios com população superior a dois milhões de habitantes e tendo mais de quinhentos milhões de cruzeiros novos por renda tributária, nos termos de seu artigo 16, § 3º, houve uma restrição à atuação dos Tribunais de Contas:

> "Além disso, a citada Emenda n. 1/69 reduziu a competência jurisdicional dos Tribunais, sendo que o exame das contas deveria ser formal e global. Essa Emenda foi responsável, ainda, pela supressão de atribuições da Corte de Contas, especificamente no tocante à análise dos atos de concessão de aposentadorias, reformas e pensões, que ficariam restritos ao seu registro, não havendo mais espaço para verificar a respectiva ilegalidade e adotar providências para regularização e sustação, conforme antes autorizava o § 5º do art. 73, da Constituição Federal de 1967."[49]

2.2.9 Constituição de 1988

Em 5 de outubro de 1988 promulga-se a Constituição também chamada de "A Cidadã", por seus irrenunciáveis compromissos com a defesa e proteção da dignidade humana, instaurando o Estado Democrático e Social de Direito, aperfeiçoando as instituições com o objetivo de prestar serviços eficientes à sociedade, o que elevou a um novo patamar a autonomia dos Tribunais de Contas.[50]

---

[49] SIMÕES, Edson. *Tribunais de Contas*: Controle Externo das Contas Públicas. São Paulo: Saraiva, 2014, p. 77.

[50] SEÇÃO IX

DA FISCALIZAÇÃO CONTÁBIL, FINANCEIRA E ORÇAMENTÁRIA

Art. 70. A fiscalização contábil, financeira, orçamentária, operacional e patrimonial da União e das entidades da administração direta e indireta, quanto à legalidade, legitimidade, economicidade, aplicação das subvenções e renúncia de receitas, será exercida pelo Congresso Nacional, mediante controle externo, e pelo sistema de controle interno de cada Poder.

Parágrafo único. Prestará contas qualquer pessoa física ou entidade pública que utilize, arrecade, guarde, gerencie ou administre dinheiros, bens e valores públicos ou pelos quais a União responda, ou que, em nome desta, assuma obrigações de natureza pecuniária.

JOÃO ANTONIO DA SILVA FILHO

Parágrafo único. Prestará contas qualquer pessoa física ou jurídica, pública ou privada, que utilize, arrecade, guarde, gerencie ou administre dinheiros, bens e valores públicos ou pelos quais a União responda, ou que, em nome desta, assuma obrigações de natureza pecuniária (Redação dada pela Emenda Constitucional n. 19, de 1998)

Art. 71. O controle externo, a cargo do Congresso Nacional, será exercido com o auxílio do Tribunal de Contas da União, ao qual compete:

I – apreciar as contas prestadas anualmente pelo Presidente da República, mediante parecer prévio que deverá ser elaborado em sessenta dias a contar de seu recebimento;

II – julgar as contas dos administradores e demais responsáveis por dinheiros, bens e valores públicos da administração direta e indireta, incluídas as fundações e sociedades instituídas e mantidas pelo Poder Público federal, e as contas daqueles que derem causa a perda, extravio ou outra irregularidade de que resulte prejuízo ao erário público;

III – apreciar, para fins de registro, a legalidade dos atos de admissão de pessoal, a qualquer título, na administração direta e indireta, incluídas as fundações instituídas e mantidas pelo Poder Público, excetuadas as nomeações para cargo de provimento em comissão, bem como a das concessões de aposentadorias, reformas e pensões, ressalvadas as melhorias posteriores que não alterem o fundamento legal do ato concessório;

IV – realizar, por iniciativa própria, da Câmara dos Deputados, do Senado Federal, de Comissão técnica ou de inquérito, inspeções e auditorias de natureza contábil, financeira, orçamentária, operacional e patrimonial, nas unidades administrativas dos Poderes Legislativo, Executivo e Judiciário, e demais entidades referidas no inciso II;

V – fiscalizar as contas nacionais das empresas supranacionais de cujo capital social a União participe, de forma direta ou indireta, nos termos do tratado constitutivo;

VI – fiscalizar a aplicação de quaisquer recursos repassados pela União mediante convênio, acordo, ajuste ou outros instrumentos congêneres, a Estado, ao Distrito Federal ou a Município;

VII – prestar as informações solicitadas pelo Congresso Nacional, por qualquer de suas Casas, ou por qualquer das respectivas Comissões, sobre a fiscalização contábil, financeira, orçamentária, operacional e patrimonial e sobre resultados de auditorias e inspeções realizadas;

VIII – aplicar aos responsáveis, em caso de ilegalidade de despesa ou irregularidade de contas, as sanções previstas em lei, que estabelecerá, entre outras cominações, multa proporcional ao dano causado ao erário;

IX – assinar prazo para que o órgão ou entidade adote as providências necessárias ao exato cumprimento da lei, se verificada ilegalidade;

X – sustar, se não atendido, a execução do ato impugnado, comunicando a decisão à Câmara dos Deputados e ao Senado Federal;

XI – representar ao Poder competente sobre irregularidades ou abusos apurados.

§ 1º No caso de contrato, o ato de sustação será adotado diretamente pelo Congresso Nacional, que solicitará, de imediato, ao Poder Executivo as medidas cabíveis.

CAPÍTULO II - HISTÓRICO DOS TRIBUNAIS DE CONTAS

§ 2º Se o Congresso Nacional ou o Poder Executivo, no prazo de noventa dias, não efetivar as medidas previstas no parágrafo anterior, o Tribunal decidirá a respeito.

§ 3º As decisões do Tribunal de que resulte imputação de débito ou multa terão eficácia de título executivo.

§ 4º O Tribunal encaminhará ao Congresso Nacional, trimestral e anualmente, relatório de suas atividades.

Art. 72. A Comissão mista permanente a que se refere o art. 166, §1º, diante de indícios de despesas não autorizadas, ainda que sob a forma de investimentos não programados ou de subsídios não aprovados, poderá solicitar à autoridade governamental responsável que, no prazo de cinco dias, preste os esclarecimentos necessários.

§ 1º Não prestados os esclarecimentos, ou considerados estes insuficientes, a Comissão solicitará ao Tribunal pronunciamento conclusivo sobre a matéria, no prazo de trinta dias.

§ 2º Entendendo o Tribunal irregular a despesa, a Comissão, se julgar que o gasto possa causar dano irreparável ou grave lesão à economia pública, proporá ao Congresso Nacional sua sustação.

Art. 73. O Tribunal de Contas da União, integrado por nove Ministros, tem sede no Distrito Federal, quadro próprio de pessoal e jurisdição em todo o território nacional, exercendo, no que couber, as atribuições previstas no art. 96.

§ 1º Os Ministros do Tribunal de Contas da União serão nomeados dentre brasileiros que satisfaçam os seguintes requisitos:

I – mais de trinta e cinco e menos de sessenta e cinco anos de idade;

II – idoneidade moral e reputação ilibada;

III – notórios conhecimentos jurídicos, contábeis, econômicos e financeiros ou de administração pública;

IV – mais de dez anos de exercício de função ou de efetiva atividade profissional que exija os conhecimentos mencionados no inciso anterior.

§ 2º Os Ministros do Tribunal de Contas da União serão escolhidos:

I – um terço pelo Presidente da República, com aprovação do Senado Federal, sendo dois alternadamente dentre auditores e membros do Ministério Público junto ao Tribunal, indicados em lista tríplice pelo Tribunal, segundo os critérios de antigüidade e merecimento;

II – dois terços pelo Congresso Nacional.

§ 3º Os Ministros do Tribunal de Contas da União terão as mesmas garantias, prerrogativas, impedimentos, vencimentos e vantagens dos Ministros do Superior Tribunal de Justiça e somente poderão aposentar-se com as vantagens do cargo quando o tiverem exercido efetivamente por mais de cinco anos.

§ 3º Os Ministros do Tribunal de Contas da União terão as mesmas garantias, prerrogativas, impedimentos, vencimentos e vantagens dos Ministros do Superior Tribunal de Justiça, aplicando-se-lhes, quanto à aposentadoria e pensão, as normas constantes do art. 40. (Redação dada pela Emenda Constitucional n. 20, de 1998).

JOÃO ANTONIO DA SILVA FILHO

Sobre as competências atribuídas pela Constituição de 1988 trataremos com maiores detalhes nos capítulos que se seguirão.

---

§ 4º O auditor, quando em substituição a Ministro, terá as mesmas garantias e impedimentos do titular e, quando no exercício das demais atribuições da judicatura, as de juiz de Tribunal Regional Federal.

Art. 74. Os Poderes Legislativo, Executivo e Judiciário manterão, de forma integrada, sistema de controle interno com a finalidade de:

I – avaliar o cumprimento das metas previstas no plano plurianual, a execução dos programas de governo e dos orçamentos da União;

II – comprovar a legalidade e avaliar os resultados, quanto à eficácia e eficiência, da gestão orçamentária, financeira e patrimonial nos órgãos e entidades da administração federal, bem como da aplicação de recursos públicos por entidades de direito privado;

III – exercer o controle das operações de crédito, avais e garantias, bem como dos direitos e haveres da União;

IV – apoiar o controle externo no exercício de sua missão institucional.

§ 1º Os responsáveis pelo controle interno, ao tomarem conhecimento de qualquer irregularidade ou ilegalidade, dela darão ciência ao Tribunal de Contas da União, sob pena de responsabilidade solidária.

§ 2º Qualquer cidadão, partido político, associação ou sindicato é parte legítima para, na forma da lei, denunciar irregularidades ou ilegalidades perante o Tribunal de Contas da União.

Art. 75. As normas estabelecidas nesta seção aplicam-se, no que couber, à organização, composição e fiscalização dos Tribunais de Contas dos Estados e do Distrito Federal, bem como dos Tribunais e Conselhos de Contas dos Municípios.

Parágrafo único. As Constituições estaduais disporão sobre os Tribunais de Contas respectivos, que serão integrados por sete Conselheiros.

Capítulo III

O CONTROLE DA ADMINISTRAÇÃO PÚBLICA

3.1 Introdução

Para os defensores da teoria evolutiva do Estado, esse processo acompanha o desenvolvimento da civilização humana e sua convivência social. Alguns datam a gênese do Estado há cerca de 10 mil anos, na Mesopotâmia, quando surgiram as primeiras sociedades rurais com certa organização em torno de uma representação de poder. Na China, durante a antiguidade, existiu um Estado organizado com certo aparato burocrático, mas foi com o surgimento do Império do Egito Antigo que se identificou o surgimento da primeira grande Nação-Estado.[51]

Até a chegada do Estado que identificamos como Moderno, várias foram as etapas evolutivas e transformações pelas quais passou, assim como diversas foram as teorias que tentam explicar o seu surgimento e a sua gradual transformação.

Nos tempos atuais, em conformação com o avanço do capitalismo, consolidou-se o que entendemos por Estados Nacionais. O que deu

---

[51] KOSSMANN, Edson Luís. *A constitucionalização do princípio da eficiência na administração pública*. Porto Alegre: Sergio Antonio Fabris Ed., 2015. pg. 26

conformidade a este formato de Estado foram as teses liberais, historicamente vinculadas à consolidação dos ideais iluministas, cujos marcos foram a Revolução Francesa e a Independência Americana, ocorridas no século XVIII. Esse modelo de Estado tem como principal característica a existência de uma constituição de dimensões jurídico-política, expressão de um pacto de convivência e estruturação do Estado, com destaque para a divisão orgânica do poder, em poderes distintos, com mecanismos de freios e contrapesos com vistas ao seu autocontrole.

Não há grandes dificuldades em se delimitar o que pode ser entendido como um Estado Democrático de Direito, podendo-se defini-lo como sendo aquele em que o poder é tutelado por um ordenamento jurídico que estabelece sua forma de atuação, suas funções e seus limites, reconhecendo um conjunto de garantias e direitos fundamentais aos indivíduos.

Dessa forma, tanto o Estado como seus cidadãos estão submetidos e subordinados ao Direito vigente, restando limitada qualquer forma de arbítrio, seja em relação ao exercício dos poderes instituídos, seja em relação a imposições indevidas do Estado em face dos seus cidadãos.

Num Estado Democrático de Direito, a dinâmica democrática impõe um processo de elaboração do seu ordenamento jurídico através de uma relação dialética entre povo, agentes e órgãos do Estado, da seguinte forma: o pactuado limita a ação do Estado, condiciona sua relação com a sociedade (e vice-versa) e padroniza os comportamentos dos indivíduos. Em síntese, o pacto é uma condicionante do exercício da liberdade em todas as suas dimensões.

A concepção do Estado de Direito, além de exigir o primado de uma Constituição como norma fundamental, norteadora e limitadora do Estado, consagra como um dos seus pilares a ideia de separação das funções estatais e do controle do poder político. Na moldura conferida ao Estado brasileiro pela Constituição de 1988, o princípio da separação dos poderes encontra-se assentado, como não poderia ser diferente, como um de seus princípios fundamentais.[52]

---

[52] O poder legislativo ganha maior relevo na divisão de competências por possuir maior competência discricionária na indicação abstrata sobre a modulação de

CAPÍTULO III - O CONTROLE DA ADMINISTRAÇÃO PÚBLICA

A noção subjacente a tal princípio é que o exercício do Poder seja limitado, de forma que o Poder controle o próprio Poder, como forma de evitar o seu exercício abusivo e garantir, por exemplo, o respeito às liberdades individuais. Essa dimensão de controle de um poder sobre o outro, baseado no equilíbrio entre os poderes, mediante o exercício de funções típicas e atípicas e do recíproco controle entre eles, é identificada como teoria de freios e contrapesos, ou *checks and balances*.

Conforme aponta Ingo Wolfgang Sarlet:

> Assim, em caráter de síntese, o princípio da separação dos poderes tem como objetivo o controle do poder pelo poder num esquema de fiscalização recíproca, que se materializa por um conjunto diferenciado de técnicas e instrumentos, como é o caso do direito de veto do chefe do Poder Executivo, a própria possibilidade de edição de atos normativos pelo Executivo, a aprovação pelo Legislativo do orçamento dos demais órgãos estatais, o controle judicial dos atos dos demais poderes, entre outros.[53]

Norberto Bobbio, ao tratar do controle do poder, registra que "a sabedoria institucional da democracia, que enseja um controle dos governantes através da ação dos governados, com isto institucionalizando um dos poucos remédios válidos contra o abuso de poder"[54], destacando que os regimes republicanos são caracterizados pelo controle público do poder, segundo o célebre jusfilósofo italiano "a única garantia de respeito aos direitos de liberdade está no direito de controlar o poder".[55]

Esse controle, de natureza nitidamente política, tem por objetivo preservar o equilíbrio das instituições fundamentais ao regime democrático no país.[56] Nesse aspecto, o Controle pode ser conceituado como a

---

comportamentos, justamente por ser a função cujos membros são indicados e representam o povo.

[53] SARLET, Ingo Wolfgang. *Curso de Direito Constitucional*. 6ª ed. Ingo Wolfgang Sarlet, Luiz Guilherme Marinoni e Daniel Mitidiero. São Paulo: Saraiva, 2017.

[54] BOBBIO, Norberto. *A Teoria das formas de governo*. São Paulo: Edipro, 2017, pp 24-25.

[55] BOBBIO, Norberto. *O futuro da democracia*. Rio de Janeiro: Paz & Terra, 2009, p. 28.

[56] Conforme Celso Antônio Bandeira de Mello: "Inicialmente se disse que havia certos

faculdade de vigilância, orientação e correção que um poder, órgão ou autoridade exerce sobre os atos praticados por outro, de forma a verificar sua legalidade e o mérito, bem como assegurar a consecução dos interesses coletivos.[57]

A tendência natural da administração pública é ocultar-se, por razões bastante objetivas: um dos pilares da democracia é a legitimidade do poder político pelo sufrágio universal, o voto; estabelece-se aí, no contexto de um Estado Democrático, a rotatividade do poder, ou seja, o Poder Político na democracia tem tempo de durabilidade e deseja realizar, no menor lapso temporal possível, o programa prometido aos eleitores. Neste caso, tempo e controle não se combinam. Entretanto, na democracia, para impedir a natural tendência autoritária do Estado, o controle tem papel fundamental.

No âmbito da Administração Pública há um controle de natureza administrativa, cuja finalidade é fiscalizar as atividades dos organismos incumbidos de exercer a função administrativa do Estado. A abrangência desse controle envolve um conjunto de mecanismos jurídicos e administrativos por meio dos quais se exerce o poder de fiscalização e revisão da atividade administrativa de qualquer esfera de Poder.[58]

O controle da Administração deve ser encarado para além de um princípio jurídico, também como uma necessidade sociológica, para assegurar que o Estado não intervenha desarrazoadamente na esfera de

---

atos que não se alocavam satisfatoriamente em nenhuma das clássicas três funções do Estado. Assim, a iniciativa das leis pelo Chefe do Poder Executivo, a sanção, o veto, a dissolução dos parlamentos nos regimes parlamentaristas por crime de responsabilidade (*impeachment*) no presidencialismo, a declaração do estado de sítio (e no Brasil também o estado de defesa), a decretação de calamidade pública, a declaração de guerra são atos jurídicos que manifestamente não se encaixam na função jurisdicional. Também não se enquadram na função legislativa, como é visível, até por serem concretos. Outrossim, não se afeiçoam à função executiva nem de um ponto de vista material, isto é, baseado na índole de tais atos, nem do ponto de vista formal." BANDEIRA DE MELLO, Celso Antônio. *Curso de Direito Administrativo*. 34ª ed. São Paulo: Malheiros, 2019, p. 36.

[57] BUGARIN, Bento José. "Controle das finanças públicas – uma visão geral". *Revista do Tribunal de Contas da União*, vol. 25, p. 12.

[58] CARVALHO FILHO, José dos Santos. *Manual de Direito Administrativo*. 2ª ed. Rio de Janeiro: Lumen Juris, 2011, pp. 863-864.

CAPÍTULO III - O CONTROLE DA ADMINISTRAÇÃO PÚBLICA

liberdade dos indivíduos. Esta dimensão implica em atender como premissa do Estado a supremacia do interesse público. Proteger o interesse público, nesse caso, implica que o controle paute sua ação no equilíbrio entre função do Estado versus vontade social.

É fato que o aperfeiçoamento da ação do Estado deve ser projetado em sintonia com os direitos fundamentais que tem como foco o desenvolvimento integral do ser humano. Nesse sentido, o sistema de controle da administração pública se associa à finalidade do Estado, qual seja, o bem comum.

As escolhas realizadas pelos administradores públicos envolvem a necessidade de verificação dos ajustes legais e sua relação com o interesse público, uma vez que presente a máxima da titularidade pela coletividade dos bens públicos, sua decorrência é uma composição entre os interesses coletivos e as vontades dos indivíduos, de maneira que, em nome da liberdade, um não se sobreponha ao outro e ocorra a composição adequada para uma boa harmonia social.

Já vontade do administrador é vinculada à ordem jurídica, que no Estado Democrático de Direito expressa a vontade geral. Ao contrário da relação Estado x coletividade, a vontade do administrador sempre será condicionada aos interesses coletivos.

Assim, a fiscalização e revisão dos atos do administrador público e sua adequação ao interesse coletivo são elementos fundamentais do controle.

Essa fiscalização consiste no poder de se verificar o que é feito nas atividades de órgãos da administração e dos agentes públicos, avaliando aspectos relacionados aos princípios inerentes à administração pública e também os resultados atingidos pela atividade administrativa, que devem preservar o interesse geral da sociedade.

Sabiamente, os constituintes brasileiros estabeleceram no texto constitucional sistemas de controle fundamentais para impedir a natural tendência autoritária do Estado e, ao mesmo tempo, assegurar a supremacia do interesse público. Conforme a Constituição de 1988, o controle deve abranger todos os poderes e órgãos da Administração Pública direta e indireta, de modo que todas as vezes que se manifeste a função administrativa, o exercício do controle estará implícito.

Nos termos do artigo 70 da Constituição, o controle pode ser realizado por variados plexos. O autocontrole, denominado como controle interno da administração pública; o controle exercido de forma externa (Tribunais de Contas e Ministério Público) e o controle social.

O controle interno é quando a própria administração, que tem o dever/poder de controlar os seus próprios atos, valendo-se da autotutela para corrigir suas ações, revoga (de acordo com sua conveniência e oportunidade) ou anula atos quando presente alguma ilegalidade.[59] Nesse sentido, miremos o teor da Súmula 473 do Supremo Tribunal Federal (STF):

> A administração pode anular seus próprios atos, quando eivados de vícios que os tornam ilegais, porque deles não se originam direitos; ou revogá-los, por motivo de conveniência ou oportunidade, respeitados os direitos adquiridos, e ressalvada, em todos os casos, a apreciação judicial.

Na seara do controle externo, merece destaque a atuação dos Tribunais de Contas, estrutura que capitaneia a fiscalização dos atos praticados pela Administração Pública, conforme aponta o jurista Régis de Oliveira:

> (...) decorrência lógica e necessária do Estado de Direito é a existência de um órgão controlador de toda a atividade estatal, ou seja, que nada escape ao controle de mecanismos destinados a evitar a ilegalidade.

---

[59] Conforme Celso Antonio Bandeira de Mello: "Tendo em vista este caráter de assujeitamento do poder a uma finalidade instituída no interesse de todos – e não da pessoa exercente do poder -, as prerrogativas da Administração não devem ser vistas ou denominadas como "poderes" ou como "poderes-deveres". Antes se qualificam melhor se designam como "deveres-poderes", pois nisto se ressalta sua índole própria e se atrai atenção para o aspecto subordinado do poder em relação ao dever, sobressaindo, então, o aspecto finalístico que as informa, do que decorrerão suas inerentes limitações."

CAPÍTULO III - O CONTROLE DA ADMINISTRAÇÃO PÚBLICA

(...)

Todas as despesas devem estar sujeitas ao controle de um órgão. É ele, no Brasil, o Tribunal de Contas.[60]

Quanto ao Controle Social, na atualidade, tem ganhado relevo também a participação dos cidadãos no exercício do controle da Administração Pública. As facilidades decorrentes da utilização em larga escala da rede mundial de computadores, bem como a evolução natural da sociedade demandam cada vez mais da Administração Pública transparência e meios de acesso a informações sobre os gastos públicos.

Sobre o tema, Maria Sylvia Zanella Di Pietro[61] apresenta como meios de Controle Social da Administração Pública direta e indireta as disposições contidas no § 3º do artigo 37 da Constituição Federal, ao dispor:

I – as reclamações relativas à prestação dos serviços públicos em geral, asseguradas a manutenção de serviços de atendimento ao usuário e a avalição periódica, externa e interna, da qualidade dos serviços;

II – o acesso dos usuários a registros administrativos e a informações sobre os atos de governo, observando o disposto no artigo 5º, X e XXXIII;

III – a disciplina da representação contra o exercício negligente ou abusivo de cargo, emprego ou função na Administração Pública, destacando-se que o dispositivo foi parcialmente regulamentado pela Lei de Acesso a Informações (lei n. 12.527, de 18.11.11).

Outros exemplos de instrumentos de Controle Social da Administração Pública são os diversos conselhos participativos existentes em vários entes federativos. São instâncias que visam garantir a participação social permanente para estimular, corrigir e garantir a efetividade das políticas públicas.

---

[60] OLIVEIRA, Regis Fernandes de. *Curso de direito financeiro*. São Paulo: Revista dos Tribunais, 2011.

[61] DI PIETRO, Maria Sylvia Zanella. *Curso de Direito Administrativo*. 27ª ed. São Paulo: Atlas, 2014, pp. 808-809.

Além desses mecanismos, diversos governantes e órgãos do poder legislativo têm estimulado a participação social na elaboração e na implementação dos orçamentos públicos – os chamados "Orçamentos Participativos". Este instituto tem se tornado, principalmente nos municípios, onde a sua complexidade é menor, em instrumentos de definição de prioridades dos gastos públicos.

Cabe registrar que as próprias leis orçamentárias nasceram da necessidade de controle sobre a função administrativa.[62] Isso quer dizer que o administrador público está vinculado ao orçamento aprovado nas casas legislativas e estes ganham maior consistência quando legitimados por mecanismos da democracia participativa.

3.2 Natureza e Princípios aplicados à Atividade de Controle

O Controle da Administração Pública pode ser definido como o dever/poder de vigilância, orientação e correção que um Poder, que um órgão ou autoridade exerce sobre a conduta funcional de outro.[63]

Quanto à sua natureza, o controle público integra o rol dos direitos humanos, consagrado como direito fundamental dos povos no artigo 15 da Declaração Universal dos Direitos do Homem e do Cidadão de 1789, segundo o qual "A sociedade tem o direito de pedir conta a todo agente público de sua administração".[64]

Essa primeira prescrição positivada é parte de conquistas civilizatórias que foram amplamente absorvidas pelas constituições democráticas contemporâneas.

---

[62] GIACOMONI, James. *Orçamento público*. 16ª ed. São Paulo: Atlas, 2016, p. 57.

[63] MEIRELLES, Hely Lopes. *Direito administrativo brasileiro*. 33ª ed. São Paulo: Malheiros, 2007.

[64] Declaração Universal dos Direitos do Homem e do Cidadão de 1789. Disponível em http://www.direitoshumanos.usp.br/index.php/Documentos-anteriores-%C3%A0-cria%C3%A7%C3%A3o-da-Sociedade-das-Na%C3%A7%C3%B5es-at%C3%A9-1919/declaracao-de-direitos-do-homem-e-do-cidadao-1789.html. Acesso em 08 ago 2019.

CAPÍTULO III - O CONTROLE DA ADMINISTRAÇÃO PÚBLICA

A doutrina reconhece a atividade de controle como princípio fundamental que norteia a Administração Pública.

Já em 1967, mesmo durante a ditadura militar, pressionada pela opinião pública mundial, houve a edição do Decreto-lei n. 200/67 que instituiu o Estatuto da Reforma Administrativa Federal, o qual relacionou cinco princípios fundamentais aos quais deverá estar atrelada a Administração Pública, quais sejam: planejamento, coordenação, descentralização, delegação de competências e o controle.[65]

O exercício da atividade de controle exige que sejam observados alguns nortes principiológicos, como forma de garantir a eficiência, transparência, legalidade e legitimidade do controle. Destacamos a seguir alguns desses princípios, a partir da doutrina de Jacoby Fernandes.[66]

a) Princípio da Segregação de Funções: a atividade de controle para surtir o efeito desejado deve analisar a questão por fora do ambiente controlado. Assim, para melhor equilibrar a relação, é indispensável que a estrutura de controle possua uma identidade própria. Os agentes designados para exercer a atividade de controle não podem estar vinculados a nenhuma outra atividade dentro da esfera administrativa, cuja relação hierárquica dentre do sistema possa ocasionar empecilho ao agente caso esteja revestido de mais de uma função.

b) Princípio da independência técnico-funcional: a atividade de controle deve estar garantida e protegida de interferências externas de qualquer natureza. O agente encarregado da fiscalização deve exercer suas atribuições com absoluta autonomia e sem depender de nenhum fator externo à análise do objeto a ser controlado. No exercício da atividade de controle o princípio da hierarquia, inclusive, deve ser mitigado, ou seja, não se tolera a indicação pelo superior de qual o resultado deve ser alcançado; caso o superior discorde do parecer proferido poderá descrever

---

[65] CARVALHO FILHO, José dos Santos. *Manual de Direito Administrativo*. 24ª ed. Rio de Janeiro: Lumen Juris, 2011, pp. 863-864.

[66] JACOBY FERNANDES, *J. U. Tribunais de Contas do Brasil*: jurisdição e competência. 4ª ed. Belo Horizonte: Fórum, 2016. pp. 40-51.

no processo administrativo suas razões pessoais, mas preservando o conteúdo e a materialidade do parecer discordante.

c) Princípio da relação custo–benefício: a atividade administrativa sempre deve estar guiada pela máxima do interesse público. O controle deve buscar sempre a eficiência de sua atuação, buscando otimização dos meios disponíveis para atingir o resultado pretendido. Como toda atividade, o controle demanda o dispêndio de recursos para que possa ser realizado; assim, deve ser calculado como um custo público, cujo valor não pode superar o custo do objeto a ser verificado. Assim, ao se designar uma força de trabalho para investigar determinado objeto, deve ser levado em consideração o custo despendido nessa atividade e, caso superior ao objeto a ser fiscalizado, não se justifica desempenhar um esforço excessivo para um resultado negativo.

Com fulcro nesse princípio, a manutenção de um órgão de controle não pode pesar aos cofres públicos um valor que não traga à sociedade um benefício muito superior à sua manutenção.

Cite-se como exemplo o Tribunal de Contas do Município de São Paulo: no exercício de 2018 a manutenção de sua estrutura interna consumiu dos cofres públicos aproximadamente R$ 280.000.000,00 (duzentos e oitenta milhões de reais), mas sua atuação eficiente gerou à cidade uma economia de R$ 2.000.000.000,00 (dois bilhões de reais) apenas na correção de licitações e contratos públicos, ou seja, para cada 1 real investido para seu funcionamento, o TCM–SP retornou 7,14 reais para a sociedade.[67]

Outro exemplo é o Tribunal de Contas da União, que no primeiro trimestre de 2019 custou aos cofres públicos R$ 498.865.475,74, mas que no período de sua atuação resultou na correção de irregularidades, incremento na economia e eficiência de órgãos públicos; elevação de preço mínimo de outorgas e empresas a serem privatizadas; análise de atos de pessoal e condenações em débito e aplicação de multa no total de R$ 4.738.626.476,74.[68]

---

[67] Fonte: https://portal.tcm.sp.gov.br/Publicacoes/Index/51. Acesso em 23 de julho de 2019.

[68] BRASIL. Tribunal de Contas da União. Relatório Trimestral de Atividades do TCU

CAPÍTULO III - O CONTROLE DA ADMINISTRAÇÃO PÚBLICA

Além do benefício financeiro medido, as ações de controle de uma Corte de Contas como o TCMSP geram outros impactos importantes para a Administração Pública, como expectativa de controle dos atos praticados pelos gestores públicos, prevenção do desperdício, melhorias na alocação de recursos, sugestão de aprimoramento da legislação, redução de danos ambientais e melhoria de políticas públicas.

d) Princípio da qualificação adequada: Para o bom desempenho da atividade de controle é indispensável que o agente nele investido detenha todo o conhecimento técnico necessário para desenvolvê-lo de forma ampla e precisa, sendo ideal que o controlador tenha uma qualificação superior ao controlado. Para tanto, se mostram necessários os seguintes atributos para os órgãos responsáveis pelo controle: seleção rigorosa de pessoal e reposição permanente do efetivo; treinamento sistemático e multidisciplinar; rodízio de funções, com vistas ao desenvolvimento multifuncional dos agentes e redução/eliminação de fraudes; política de remuneração e premiação; desenvolvimento de unidade de doutrina, que valorize a ação do controle, os princípios éticos e as iniciativas de ação; estabilidade ou garantia de emprego contra despedida arbitrária.

e) Princípio da aderência a diretrizes e normas: As ações dos agentes de controle devem ser realizadas com observância e acatamento à legislação e às diretrizes gerais das políticas públicas. Nesse aspecto, o agente controlador não pode querer substituir as funções do controlado; gerir e controlar são atividades distintas, não cabendo ao agente controlador substituir as opções políticas do gestor público quanto às escolhas que fizer. Na democracia liberal o sufrágio universal é a forma de legitimação do poder político. Com a eleição do governante se escolhe também, em tese, um programa de governo. Aos órgãos de controle cabe avaliar e fiscalizar a implementação do programa escolhido. Essa relação que se estabelece entre controlado e controlador, precisa estar em sintonia com os esteios que sustentam o regime democrático, ou seja, ao órgão controlador não cabem ingerências na escolha das políticas públicas que

---

– 1º Trimestre 2019. Disponível em https://portal.tcu.gov.br/transparencia/relatorios/relatorios-de-atividades/relatorios-de-atividades.htm. Acesso em 08 agosto 2019.

serão implementadas para atender o programa de governo chancelado no processo político eleitoral.

Além disso, com a edição da Lei 13.655/2018, que alterou a Lei de Introdução às Normas do Direito Brasileiro, na interpretação de normas sobre gestão pública deverão se levar em conta para além das finalidades, as dificuldades reais do gestor (art. 22 da LINDB). Assim, a atividade de controle deverá levar em consideração as condições fáticas às quais o administrador estava vinculado, devendo ser consideradas as circunstâncias práticas impostas, que limitaram ou condicionaram a ação do agente, sopesando-se os obstáculos e as dificuldades reais do gestor, além das exigências das políticas públicas a seu cargo, sempre levando em consideração aquilo que é de direito dos administrados.

3.3 Espécies de Controle

A doutrina é generosa na classificação do controle da Administração Pública, definindo diversos tipos, espécies e modalidades de fiscalização. Pode-se, por exemplo, classificar o controle quanto à natureza do controlador (legislativo, judicial ou administrativo); quanto à extensão do controle (interno e externo); quanto à natureza do controle (controle de legalidade e controle de mérito); quanto ao momento em que o controle é exercido (prévio, concomitante e posterior).

No presente momento, importa-nos verificar a classificação que leva em consideração a extensão e a posição do controle. Sob essa ótica, a atividade de controle pode ser classificada em controle interno e externo.

A Constituição Federal de 1988 estabelece que a fiscalização contábil, financeira, orçamentária, operacional e patrimonial da União e das entidades da administração direta e indireta será exercida pelo controle externo e pelo sistema de controle interno de cada Poder.

O controle interno é aquele exercido por órgãos de um Poder sobre condutas administrativas produzidas dentro de sua esfera.[69] Já o controle

---

[69] CARVALHO FILHO, José dos Santos. *Manual de Direito Administrativo*. 24ª ed. Rio de Janeiro: Lumen Juris, 2011, p. 865.

CAPÍTULO III - O CONTROLE DA ADMINISTRAÇÃO PÚBLICA

externo é praticado por um órgão fiscalizador que se situa em esfera diversa da Administração em relação àquele cuja conduta é fiscalizada. É o caso, por exemplo, do controle do Judiciário sobre o Executivo por meio de ações judiciais e dos Tribunais de Contas sobre atos da Administração Pública.

A seguir, detalharemos cada uma dessas formas de controle.

3.3.1 Controle Interno

O controle interno é aquele exercido por órgãos da própria Administração, integrantes da estrutura interna de cada poder ou unidade de competência administrativa. O art. 74 da Constituição Federal dispõe que os poderes da República – Legislativo, Executivo e Judiciário – deverão manter de forma integrada um sistema de controle interno de suas contas, com finalidade fiscalizatória e para melhor aplicação do dinheiro público.

O fundamento do controle interno encontra-se no poder de autotutela da Administração, que permite que sejam revistos seus próprios atos, anulando-se aqueles tipos por ilegais, revogando-se em caso de conveniência e oportunidade, e ainda por meio da edição de novos atos corrigidos e dirigidos para as reais finalidades do interesse público.

O sistema de controle interno da Administração Pública começou com enfoque meramente contábil e financeiro, mas com a Constituição Cidadã foi dado maior enfoque à auditoria, principalmente com a finalidade de preparação ao controle externo.

Essa mudança começou a se desenhar a partir da Reforma Administrativa de 1998, resultante da Emenda Constitucional n. 19, que marcou o início da implementação de um sistema de gestão pública fundada num modelo conhecido como administração pública gerencial. Neste modelo, os mecanismos de controle precisam de reorientação, abandonando-se procedimentos meramente burocráticos, acostumados a olhar para o passado. É necessário o enfoque prospectivo, centrado nos objetivos e nos resultados a serem alcançados.[70]

---

[70] CASTRO, Domingos Poubel de. *Auditoria, Contabilidade e Controle Interno no Setor Público*. 7ª ed. São Paulo: Atlas, 2018, p. 326.

O controle interno é importante mecanismo para o fortalecimento da "governança" da administração pública, que representa a capacidade técnica, financeira e gerencial do corpo funcional em gerir a máquina administrativa, além do suporte financeiro para a implementação de políticas públicas, meios necessários para tornar a máquina administrativa eficaz.

Esse modelo de gestão administrativa deve estar pautado por normas de integridade e de transparência. Aqui ganha relevo o termo *Accountability,* emprestado da Ciência da Administração, conceituado pelos professores Antonio Cesar Amaru Maximiano e Irene Patrícia Nohara nos seguintes termos:

> A accountability faz parte do vocabulário introduzido pela governança corporativa na governança pública. Em essência, diz respeito à prestação de contas do gestor de forma transparente, à rede de partes interessadas das organizações da Administração Pública.
>
> Accountability é palavra inglesa que, se tivesse tradução para o português, seria similar a responsabilização. Responsabilização é diferente de responsabilidade. Responsabilidade significa atribuição, encargo; responsabilização significa responder pelas consequências dos atos e decisões. Pode-se também traduzir como prestação de contas.[71]

Estruturas de controle interno são definidas dentro do arcabouço de uma organização com o objetivo de prevenir erros, detectar falhas, identificar controles falhos, incluindo aspectos gerenciais, métodos e procedimentos.

Uma forma eficiente de controle interno ocorre com a distribuição interna de competências, uma vez que permite o isolamento de padrões de conduta (competências) que, pela natureza da atividade,

---

[71] MAXIMIANO, Antonio Cesar Amaru; NOHARA, Irene Patrícia. *Gestão Pública Abordagem Integrada da Administração e do Direito Administrativo*. São Paulo: Atlas, 2017, p. 74.

CAPÍTULO III - O CONTROLE DA ADMINISTRAÇÃO PÚBLICA

possibilitam um melhor desenvolvimento diante das características dos produtos.[72]

Esta prática de fiscalização direta realizada por meios de agentes somente consegue um resultado satisfatório quando a Administração Pública possui um sistema de integridade (também conhecido como *compliance*), incentivando denúncias de desvio de condutas.

Outra forma segmentada de atribuir poderes de revisão dos atos praticados pela Administração Pública decorre da implementação de Controladorias Internas, sendo eficazes desde que detenham os poderes e a independência necessária para o desenvolvimento de suas atividades.

No caso do município de São Paulo, por exemplo, a Controladoria Geral do Município foi criada em 2013, com o objetivo de combater a corrupção, garantir a defesa do patrimônio público e promover a transparência e a participação social.[73] Somente em autuações referentes ao escândalo que ficou conhecido como "Máfia do ISS", investigações conduzidas pela Controladoria em parceria com o Ministério Público constataram que, desde 2005, auditores fiscais cobravam propinas de empresas do setor imobiliário para que elas recolhessem valores menores do que realmente deviam de Imposto Sobre Serviços – ISS/Habite-se.

Nota-se que no caso do controle interno a vontade política da direção do Poder em questão é determinante, ou seja, o controle interno

---

[72] As Normas do Controle Interno do Setor Público da Organização Internacional de Entidades Fiscalizadoras Superiores – INTOSAI, apontam a segregação de funções como meio apto para reduzir o risco de erro, desperdício ou procedimentos incorretos e o risco de não detectar tais problemas.

"Não deve haver apenas uma pessoa ou equipe que controle todas as etapas-chave de uma transação ou evento [ou processo de execução das despesas públicas]. As obrigações e responsabilidades devem estar sistematicamente atribuídas a um certo número de indivíduos, para assegurar a realização de revisões e avaliações efetivas. As funções-chave incluem autorização e registro de transações, execução e revisão ou auditoria das transações."

[73] *Vide* a Lei Municipal de São Paulo, n. 15.764 de 27 de maio de 2013 que criou a Controladoria Geral do Município, com a instituição de cargos, carreira e competências próprias para fiscalizar o andamento dos gastos públicos e agentes municipais.

responde hierarquicamente ao chefe do Poder ao qual está vinculado. Em gestões cujo mandatário assume como premissa a radicalidade no que diz respeito à transparência, como método de combate à corrupção e de prestação de contas à sociedade, os controles internos, por consequência, adquirem maior independência e maior efetividade nos seus propósitos.

Por outro lado, em administrações com características autoritárias e pouco identificadas com o controle, a centralidade do poder como método de gestão limita e, em alguns casos, inviabiliza a atuação do controle interno.

Como se vê, o controle interno, muitas vezes, é dependente de circunstâncias políticas conjunturais.

3.3.2 Controle Externo

A marca da democracia, na célebre expressão de Norberto Bobbio, é "o poder público em público". A democracia é o regime do poder visível, ou seja, a publicidade dos atos do poder. É da natureza dos regimes democráticos incentivar a participação dos cidadãos nas decisões administrativas de interesse público. A publicidade dos atos do administrador público é regra geral, não havendo verdadeira representação popular que ocorra em segredo ou a portas fechadas.

Em termos mais claros, vale a citação textual do grande jusfilósofo italiano: "Pode-se definir a democracia das maneiras as mais diversas, mas não existe definição que possa deixar de incluir em seus conotativos a visibilidade ou transparência do poder".[74]

Parafraseando Norberto Bobbio, há uma tendência natural dos órgãos de estado em ocultar-se. Esta tendência ocorre por algumas razões: visões políticas autoritárias, confusão entre o público e o privado, incapacidade de compreensão da administração pública, má-fé e até mesmo pressa no que diz respeito à implementação de programas de governo.

---

[74] BOBBIO, Norberto. *O futuro da democracia*. 12ª ed. São Paulo: Paz & Terra, 2011, p. 20.

CAPÍTULO III - O CONTROLE DA ADMINISTRAÇÃO PÚBLICA

Para frear esse tendência natural de ocultação do Poder, é necessário um controle independente e eficiente, dotado de mecanismos de fiscalização, com a finalidade de promover a transparência da gestão pública e assegurar a correta aplicação dos recursos para a viabilização de políticas públicas que atinjam a finalidade do Estado na sua perspectiva de desenvolvimento integral do ser humano.

É nesse contexto que está situado o Controle Externo, que é aquele exercido por órgão fiscalizador apartado da estrutura da Administração da qual se originou o ato fiscalizado, ou seja, aquele exercido por um Poder ou órgão estatal autônomo, não inserido na estrutura do órgão ou Poder controlado.

A Constituição de 1988, que consolidou uma perspectiva democrática para o país, valorizou os vários tipos de controle como necessários no processo de freios e contrapesos. O Poder Judiciário é uma instância final das controvérsias e, por isso, nele desaguam todos as desavenças particulares e públicas. Em razão dessa característica pode ser classificado como aquele que também, em matéria de controle, terá a palavra final.

O Poder Legislativo, por representar a sociedade em toda a sua dimensão, aquele que expressa objetivamente a correlação de forças presentes no seio da sociedade, para além de sua função principal de legislar, também exerce, por expressa previsão constitucional, o Controle Externo.

Além do tipo de Controle Externo exercido pelo Judiciário e pelo Legislativo, o Brasil estabeleceu outros tipos de controles de natureza *sui generis,* como por exemplo o Ministério Público e os Tribunais de Contas.

A expressão *sui generis* aqui utilizada leva em consideração que essas duas instituições não estão vinculadas diretamente a nenhum dos poderes. O Ministério Público, como fiscal da lei, para além da autonomia de suas ações, também possui autonomia funcional, quer dizer, cada membro do MP é o Ministério Público.

Os Tribunais de Contas, por sua vez, também são órgãos que possuem competências constitucionais próprias, não estando sujeitos a qualquer vinculação hierárquica ou funcional seja com o Legislativo,

Executivo ou Judiciário, à exceção da fiscalização exercida em face das contas do chefe do Executivo, cujo exame tem natureza de parecer prévio não vinculativo, dependente de aprovação posterior do Legislativo.

Numa concepção estrita, o Controle Externo da Administração Pública é de titularidade de dois órgãos específicos: o Poder Legislativo (controle político) e os Tribunais de Contas (controle técnico).[75]

A atuação do Controle Externo abrange o exame de aspectos contábeis, orçamentários, patrimoniais e operacionais, avaliando a legalidade, legitimidade e economicidade na aplicação de recursos públicos, consoante o que preceitua o art. 70 da Constituição Federal.

A tradição do Controle Externo no Brasil sempre esteve voltada, com maior rigorosidade, para um controle de conformidade e da legalidade de lançamentos contábeis, execução orçamentária, gerência financeira, guarda e administração patrimonial.

Atualmente, entretanto, com o alargamento das competências atribuídas ao Controle Externo na Constituição de 1988, essa modalidade de controle da administração pública passou a ser alçada, de mero controle contábil, a mecanismo de vanguarda no controle econômico/financeiro e das políticas públicas de governos, atuando como verdadeiro avalista daquelas políticas que dão concretude aos direitos fundamentais constitucionalizados.

É a materialização, no que toca aos Tribunais de Contas, da teoria dos freios e contrapesos, forma encontrada pela ação evolutiva da administração pública de buscar o equilíbrio estável nas complexas e conflitivas relações sociais.

Isso significa valorizar e fortalecer a atuação do Controle Externo na avaliação da eficiência e dos resultados alcançados decorrentes dos gastos públicos, verificando a qualidade e o impacto na vida dos cidadãos.

---

[75] GUERRA, Evandro Martins. "Controle sistêmico: a interação entre os controles interno, externo e social". *Fórum de Contratação e Gestão Pública FCGP*. Belo Horizonte, n. 82, ano 7, out. 2008.

CAPÍTULO III - O CONTROLE DA ADMINISTRAÇÃO PÚBLICA

Tais exigências demandam o fortalecimento da atuação preventiva e concomitante do Controle Externo para, em nome do princípio da eficiência, fazer com que o dinheiro público seja efetivamente investido em benefício de todos.

Como já disse em outras formulações e obras, o futuro do Controle Externo no Brasil é chegar antes que o recurso público seja desperdiçado. As competências dos Tribunais de Contas, em seu sentido contemporâneo, seguem tendência de afirmação em todo o mundo com um enfoque proativo, relacionando os gastos públicos e sua economicidade aos resultados das políticas públicas aplicadas nas diversas esferas de poder.

O que se busca, neste caso, é o equilíbrio possível entre a disponibilidade do dinheiro público e os melhores resultados práticos na qualidade de vida das pessoas, sempre levando em consideração a supremacia do interesse público.

Nesse sentido, é importante destacar que o papel exercido pelos Tribunais de Contas tem relação direta com a teoria dos "freios e contrapesos", no sentido de que, sem abrir mão da competência que lhe foi atribuída de controle posterior, seu foco principal deve ser atuar como avalista de políticas públicas, sempre priorizando os resultados. É o Controle Externo atuando em sintonia com a finalidade do Estado.

Quando se define como ação prioritária dos Tribunais de Contas a colaboração com os órgãos controlados, não se trata de abrir mão de competências constitucionais. Trata-se, sim de, preservada a autonomia entre controlador e controlado, se beneficiar das tensões naturais decorrentes desta relação para, dialeticamente, progredir de forma equilibrada de modo a fazer com que os interesses dos indivíduos, em sintonia com os da coletividade, sejam expressão das políticas de Estado.

O Controle Externo, assim, deve exercer suas atribuições constitucionais a começar pelo fortalecimento do Estado Democrático de Direito, entendendo a Democracia como instrumento de composição das diferenças em todas as suas dimensões.

A Constituição como expressão de um pacto que unifica a sociedade estabeleceu as competências dos Tribunais de Contas, valorizando sua autonomia. Essa autonomia vem ao encontro das finalidades do Estado, ou seja, a busca pelo bem comum. Nesse diapasão, interesse público e ação do Controle Externo se confundem num mesmo propósito: a defesa dos direitos fundamentais constitucionalizados. Formalismos excessivos não podem suplantar o interesse geral da sociedade. É por isso que, sem abrir mão do Controle repressivo – aquele feito *a posteriori* para reprimir o mal feito –, sua ação será tanto mais eficiente se evitar o desperdício do dinheiro público. Agir preventivamente.

3.4 O controle exercido pelos Tribunais de Contas

Como visto em capítulos que iniciam esta obra, o Tribunal de Contas foi criado originalmente pelo Decreto 966-A, de 7 de novembro de 1890, por influência de Ruy Barbosa, constando expressamente no art. 89 da Constituição de 1891, estando presente em todas as Constituições brasileiras.

Como dissemos antes, é da essência da democracia a valorização de controles eficientes. É neste contexto que se colocam os Tribunais de Contas no Brasil nos tempos contemporâneos: preservar e fortalecer o Estado Democrático de Direito, atuando como avalistas de políticas públicas bem-sucedidas, em sintonia com o princípio republicano da prestação de contas tanto dos gastos quanto da boa aplicação dos recursos públicos.[76]

Essa natureza foi largamente reconhecida pela Constituição de 1988, que ampliou de modo significativo a esfera de atribuições das Cortes de Contas, conferindo-lhes poderes jurídicos mais amplos.[77]

---

[76] ZYMLER, Benjamin. "O Tribunal de Contas da União: vinte anos após a Constituição Federal de 1988". *Revista da Procuradoria Geral do Município de Juiz de Fora – RPGMJF*. Belo Horizonte, ano 3, n. 3, p. 275/287, jan./dez. 2013.

[77] Confira-se nesse sentido a posição do Supremo Tribunal Federal exarada no seguinte julgado: ADI n. 215 MC/PB. Rel. Ministro Celso de Mello. DJ, 03 ago. 1990.

CAPÍTULO III - O CONTROLE DA ADMINISTRAÇÃO PÚBLICA

No modelo brasileiro, os Tribunais de Contas receberam do constituinte grande parte das competências atribuídas ao controle externo da Administração Pública.

As Cortes de Contas estão previstas nos artigos 70 a 75 da Constituição da República de 1988, incumbidas da fiscalização contábil, financeira, orçamentária, operacional e patrimonial das contas públicas.

Esse alargamento de competências, decorrente de uma consciente opção política feita pelo legislador Constituinte, além de demonstrar a essencialidade dos Tribunais de Contas na estrutura do Controle Externo brasileiro, implica na necessidade de uma reformulação de sua atuação, que não deve ficar circunscrita apenas ao exame da legalidade dos atos praticados pela Administração.

O *status* e a importância conferida às Cortes de Contas exigem que sua atuação seja pautada, também, pela avaliação de aspectos mais densos dos atos da Administração e dos gestores públicos, considerando para tanto se estes observaram princípios previstos de forma explícita ou implícita na Constituição Federal, e também se os resultados alcançados atingiram sua finalidade, em especial quanto ao atendimento ao interesse público, levando em consideração a realidade e as circunstâncias fáticas enfrentadas pelo gestor público.

Essa nova dimensão da atuação do Controle Externo inaugurada pela Constituição de 1988 demanda que as Cortes de Contas centralizem suas ações não apenas após a ocorrência dos fatos, mas de forma concomitante e até mesmo prévia, questão que será melhor debatida adiante.

Atualmente existem 33 Tribunais de Contas no Brasil, divididos da seguinte forma:[78]

a) Tribunal de Contas da União (TCU): órgão de natureza federal, de auxílio ao Congresso Nacional, com jurisdição em todo o território nacional, integrado por nove Ministros. Possui competência constitucional

---

[78] SIMÕES, Edson. *Tribunais de Contas*: controle externo das contas públicas. São Paulo: Saraiva, 2014.

para atuar no controle externo da União e de todos os entes da administração pública federal direta ou indireta ou entidades particulares que recebam recursos públicos dela originados.

b) Tribunal de Contas dos Estados e do Distrito Federal (TCE/TCDF): órgão estadual (ou distrital) de auxílio às Assembleias Legislativas (ou Câmara Legislativa, no caso do DF), podendo atuar também como auxiliares das Câmaras Municipais quando não houver no Estado Tribunal de Contas dos Municípios em paralelo ao Tribunal de Contas do Estado. Possuem competência circunscrita a campo geográfico do Estado-membro ou do Distrito Federal, sendo compostos por sete Conselheiros, com as atribuições simétricas à circunscrição local, responsável pela análise e fiscalização do governo estadual e municipal (caso não exista Tribunal de Contas dos Municípios).

c) Tribunal de Contas dos Municípios: órgão estadual, de auxílio às Câmaras Municipais, com competência para atuar na circunscrição dos municípios que fazem parte do Estado-membro. A sua previsão encontra-se na Constituição Federal no § 1º do artigo 31 e 75. É composto por sete Conselheiros, incumbidos do controle e da fiscalização orçamentária-financeira dos municípios e dos Prefeitos. Atualmente existe essa composição nos Estados da Bahia; Goiás e Pará. No dia 21 de julho de 2017, a Assembleia Legislativa do Ceará aprovou uma Proposta de Emenda Constitucional que extinguiu o Tribunal de Contas dos Municípios daquele Estado, sendo que suas atribuições foram transferidas para o Tribunal de Contas do Estado do Ceará.[79]

---

[79] Cabe registrar que a hipótese de cabimento de extinção de Tribunais de Contas é restrita aos Estados que, de acordo com seu ordenamento jurídico, criaram duas Cortes de Contas, de modo que um Tribunal possa absorver as funções do outro, tendo em vista a mesma natureza e estrutura administrativa funcional. Assim, o que se depreende da decisão alcançada pelo STF é que há possibilidade de extinção de Tribunais de Contas apenas naqueles entes da federação que possuam dois destes órgãos de Controle Externo.

No caso dos Estados de São Paulo e Rio de Janeiro esse entendimento não é aplicável, uma vez que os Tribunais de Contas dos Municípios existentes são de entes distintos, ademais, conforme aponta Alexandre de Morais "*o legislador constituinte reconheceu a existência dos Tribunais ou Conselhos de Contas Municipais já existentes na data da promulgação da Constituição Federal, não permitindo às respectivas Constituições Estaduais aboli-los*".

CAPÍTULO III - O CONTROLE DA ADMINISTRAÇÃO PÚBLICA

d) Tribunal de Contas do Município: órgão municipal existente apenas nas cidades de São Paulo e do Rio de Janeiro, composto por cinco Conselheiros em São Paulo e sete no Rio de Janeiro, ao qual compete a fiscalização contábil-financeira do município respectivo.

3.4.1 Natureza jurídica dos Tribunais de Contas

A doutrina discute acerca da posição ocupada pelos Tribunais de Contas em relação aos poderes e funções do Estado, identificando-se correntes doutrinárias que entendem que as Cortes de Contas são órgãos pertencentes ao Poder Judiciário; outros o entendem como um órgão vinculado ao Poder Executivo; e há ainda aqueles que o concebem como parte integrante do Parlamento ou do Poder Legislativo.[80]

Registre-se também a preciosa lição do Prof. Ives Gandra Martins, no sentido de que *"o legislador muni cipal não tem qualquer força legislativa sobre a organização de um Tribunal criado por lei municipal e constitucionalizado, em seu perfil atual, pela lei suprema federal. (...) Nitidamente, o perfil que determinou a ma nutenção dos Tribunais de Contas Municipais, em 1988, foi aquele instituído a partir de 5 de outubro de 1988, não podendo ser alterado, no que diz respeito às suas competências, estruturas, quadros, a não ser por emen da constitucional – se não se tratar de clausula pétrea –, reiterando eu a posição de que, por dizer respeito à separação de poderes, nem mesmo por emenda cons titucional.*

[80] "Sobre essa temática, verificam-se três posicionamentos, e assim não poderia deixar de ser, tendo em conta a teoria da separação dos Poderes: os que entendem que o Tribunal de Contas é órgão pertencente ao Poder Judiciário (primeira corrente); aqueles que pretendem ser ele um órgão de Poder Executivo (segunda corrente); e ainda aqueles que o concebem como parte integrante do Parlamento ou do Poder Legislativo (terceira corrente). (...)

Entende-se, juntamente com Pontes de Miranda, Celso Antônio Bandeira de Mello, Odete Medauar, Hely Lopes Meirelles, Ricardo Lobo Torres e Borges de Carvalho que o Tribunal de Contas é órgão autônomo de matriz constitucional e que não vincula a nenhum dos poderes instituídos, muito embora tenha função auxiliar de Poder Legislativo em sua tarefa constitucional.

Ressalte-se que "a expressão em auxílio não significa qualquer forma de subordinação ao Poder Legislativo em qualquer esfera: federal, estadual ou municipal. Neste caso a expressão 'em auxílio' tem o sentido de colaboração, nunca de subordinação, até porque a mesma expressão aparece na Constituição para designar a relação entre Tribunal e Câmaras Municipais. Se assim não fosse, ter-se-ia, como afirma Wallace de Oliveira Guirelli, todos os Tribunais de Contas Estaduais subordinados às Câmaras Municipais, às quais eles prestam auxílio e não obediência."

Esta obra entende que as Cortes de Contas são órgãos constitucionais autônomos, de natureza *sui generis* Como o Ministério Público, os Tribunais de Contas são órgãos de Estado sem nenhum tipo de submissão hierárquica, devendo obediência apenas à Constituição, à ordem jurídica e às sentenças judiciais transitadas em julgado.

Esse entendimento não é novidade na seara constitucional e administrativista. Rui Barbosa, ao comentar a Constituição de 1891, já acentuava a característica "sui generis" do Tribunal de Contas: corpo de magistratura intermediária à administração e à legislatura, que colocado em posição autônoma com atribuições de revisão e julgamento, cercado de garantias contra quaisquer ameaças, exerce funções vitais no organismo constitucional.[81]

Como bem sistematizado por Gabriela Tomaselli Bresser Pereira, nomes como Pontes de Miranda, Celso Antônio Bandeira de Mello, Odete Medauar, Hely Lopes Meirelles, Ricardo Lobo Torres e Borges de Carvalho, entendem desde há muito que os Tribunais de Contas são órgãos autônomos de matriz constitucional, os quais não estão vinculados a nenhum dos poderes instituídos.[82]

Cabe destacar, nesse sentido, a precisa lição do mestre de todos nós, Celso Antônio Bandeira de Mello:

> *(...) como o Texto Maior desdenhou designá-lo como Poder, é inútil ou improfícuo perguntarmo-nos se seria ou não um Poder. **Basta-nos uma conclusão ao meu ver irrefutável: o Tribunal de Contas, em nosso sistema, é um conjunto orgânico perfeitamente autônomo.**[83]* (grifo nosso)

DAL POZZO, Gabriela Tomaselli Bresser Pereira. *As Funções do Tribunal de Contas e o Estado de Direito*. Belo Horizonte: Fórum, 2010, pp. 104/106.

[81] BARBOSA, Rui. "Comentários à Constituição Federal Brasileira (1891)". São Paulo: Saraiva, 1934, vol. 6, p. 451.

[82] BARBOSA, Rui. "Comentários à Constituição Federal Brasileira (1891)". São Paulo: Saraiva, 1934, vol. 6, p. 106.

[83] BANDEIRA DE MELLO, Celso Antônio. "Funções do Tribunal de Contas". *Revista de Direito Público*. São Paulo: n. 72, out./dez. 1984. p. 136.

CAPÍTULO III - O CONTROLE DA ADMINISTRAÇÃO PÚBLICA

Aqueles que entendem que as Cortes de Contas são órgãos vinculados ao Poder Legislativo fundamentam sua conclusão na redação do art. 71 da Constituição Federal, que estabelece que "O controle externo, a cargo do Congresso Nacional, será exercido com o auxílio do Tribunal de Contas da União (...)".

É fato que a Constituição, no que se refere à emissão de pareceres sobre contas do Executivo, prescreve às Cortes de Contas uma função de auxílio às respectivas casas legislativas. No entanto, ao atribuir-lhes um amplo feixe de competências, a Constituição ampliou as prerrogativas dos Tribunais de Contas. Foi-lhes conferido um alto grau de autonomia no exercício dessas competências. Nas atuações preventivas e concomitantes, as decisões das Cortes de Contas independem, por exemplo, de convalidação pelo respectivo Poder Legislativo.

A expressão "auxílio" contida no artigo 71 da Constituição implica em colaboração, apoio, coparticipação, não devendo ser entendida como qualquer forma de sujeição ou subordinação ao Poder Legislativo, ao qual os Tribunais de Contas prestam auxílio e não obediência.

Odete Medauar, ao discorrer sobre a natureza das Cortes de Contas, ressalta que:

> "A Constituição Federal, em artigo algum utiliza a expressão 'órgão auxiliar'; dispõe que o Controle Externo do Congresso Nacional será exercido com o auxílio do Tribunal de Contas; a sua função, portanto, é de exercer o controle financeiro e orçamentário da Administração em auxílio ao poder responsável, em última instância, por essa fiscalização.
>
> Se a função é de atuar em auxílio ao legislativo, sua natureza, em razão das próprias normas da Constituição é a de órgão independente, desvinculado da estrutura de qualquer dos três poderes. A nosso ver, por conseguinte, o Tribunal de Contas configura instituição estatal independente".[84]

---

[84] MEDAUAR, Odete. *Controle da Administração Pública*. São Paulo: RT, 1993. p. 140.

Nesse mesmo sentido é a doutrina do ex-Presidente do Supremo Tribunal Federal, Ministro Carlos Ayres Britto, que ao tratar do Tribunal de Contas da União assim se posicionou:

> (...) o Tribunal de Contas da União não é órgão do Congresso Nacional, não é órgão do Poder Legislativo. Quem assim me autoriza a falar é a Constituição Federal, com todas as letras do seu art. 44, litteris: "O Poder Legislativo é exercido pelo Congresso Nacional, que se compõe da Câmara dos Deputados e do Senado Federal"
>
> (...) além de não ser órgão do Poder Legislativo, o Tribunal de Contas da União não é órgão auxiliar do Parlamento Nacional, naquele sentido de inferioridade hierárquica ou subalternidade funcional.
>
> (...) O TCU se posta é como órgão da pessoa jurídica União, diretamente, sem pertencer a nenhum dos três Poderes Federais. Exatamente como sucede com o Ministério Público, na legenda do art. 128 da Constituição, incisos I e II.[85]

Cabe registrar que por expressa disposição contida no artigo 75 da Constituição Federal, a autonomia constitucional conferida ao Tribunal de Contas da União é aplicável aos Tribunais de Contas dos Estados, do Distrito Federal e também dos Municípios, nos seguintes termos:

> Art. 75. As normas estabelecidas nesta seção aplicam-se, no que couber, à organização, composição e fiscalização dos Tribunais de Contas dos Estados e do Distrito Federal, bem como dos Tribunais e Conselhos de Contas dos Municípios.

Conforme magistério de Ives Gandra da Silva Martins, a expressão "no que couber" diz respeito tão somente às peculiaridades dos entes federativos estaduais e municipais, assim, *"deve-se entender que a*

---

[85] BRITTO, Carlos Ayres. "O regime constitucional dos Tribunais de Contas". *Revista Diálogo Jurídico*, Salvador, ano 1, n. 9, dez. 2001. Disponível em: http://rodrigouchoa.atspace.com/dialogo-juridico-2001-12-09-carlos-ayres-britto.pdf. Acesso em: 12 de outubro de 2018.

CAPÍTULO III - O CONTROLE DA ADMINISTRAÇÃO PÚBLICA

mesma autonomia que goza o TCU gozam as demais Cotes de Contas, razão pela qual a interpretação dos textos maiores dos demais entes federativos não pode ser realizada sem sua integração analógica com o art. 75".[86]

A Constituição Federal não se limitou a fortalecer as competências apenas do Tribunal de Contas da União, antes estendeu sua autonomia e prerrogativas às demais Cortes de Contas, criando verdadeiramente um "regime jurídico único dos Tribunais de Contas".[87]

Os seus artigos 70 a 75, combinados com o artigo 31, ampliaram as competências das Cortes de Contas, atribuindo-lhes prerrogativas que vão além de um mero controle de contas. Enquanto as Constituições anteriores restringiam ao Controle Externo o exame da legalidade das ações da Administração Pública, a Constituição de 1988 foi adiante, atribuindo poderes de verificação da "legitimidade" e "economicidade" dos atos administrativos.

Mais do que meros apêndices da legalidade, a utilização desses dois termos pelo constituinte deixa claro que o exame promovido pelas Cortes de Contas deve ir além da mera análise da conformação do ato administrativo às normas jurídicas, englobando a conformidade a princípios e normas implícitas, além da avaliação do uso adequado e eficiente dos recursos públicos, verificando-se a satisfatoriedade dos resultados alcançados.

Nesse aspecto, ganha força o chamado controle preventivo e concomitante – um tipo de controle que se preocupa menos com o já feito, tecnicamente chamado de "controle repressivo dos atos administrativos", e mais com a prevenção, o que significa chegar antes do desperdício do dinheiro público.

---

[86] MARTINS, Ives Gandra da Silva. "Parecer: As Cortes de Contas são instituições permanentes de impossível extinção nos termos da Constituição Federal – sua competência é imodificável por legislação infraconstitucional". São Paulo, 12 de fevereiro de 1992, p. 26.

[87] MARTINS, Ives Gandra da Silva. "Parecer: As Cortes de Contas são instituições permanentes de impossível extinção nos termos da Constituição Federal – sua competência é imodificável por legislação infraconstitucional". São Paulo, 12 de fevereiro de 1992, p. 26.

3.4.2 Funções dos Tribunais de Contas

A doutrina sistematiza as funções dos Tribunais de Conas a partir das incumbências e atividades com características próprias definidas na Constituição Federal e também na legislação ordinária.

As Cortes de Contas exercem *função fiscalizatória* para apurar a legalidade de atos administrativos, transferências de recursos, cumprimento da lei de responsabilidade fiscal, limite de gastos com pessoal, endividamento público, dentre outros.

A *função judicante* dos Tribunais de Contas tem sido objeto de controversos debates.

Neste ponto entendo que as Cortes de Contas possuem poder judicante, uma vez que da apreciação das contas e das análises prévias e concomitantes de contratos, pode-se resultar em sanções específicas. Ainda se soma a esta assertiva a expressão em destaque do texto constitucional – *julgar as contas dos administradores e demais responsáveis por dinheiros*. O verbo julgar implica em uma ação de apreciar o mérito e concluir com amparo em competência que vise garantir o resultado prático desta atribuição.

Tradicionalmente, as Cortes de Contas julgam os atos dos administradores públicos e demais responsáveis pela gestão contábil e financeira das políticas públicas, por consequência, como dissemos antes, analisam os seus resultados. No que diz respeito às contas públicas, suas decisões podem conferir total (i) regularidade às contas prestadas, com a devida quitação dos gastos, superando eventuais irregularidades formais e que não geraram prejuízo ao erário; (ii) julgar parcialmente regulares ou regulares com ressalvas, indicando a necessidade de correção e os meios condicionais para tanto. As contas também podem ser (iii) julgadas irregulares, nos casos de omissão na prestação de contas ou quando constadas falhas que comprometam sua regularidade, em especial quando caracterizado prejuízo ao erário; nesses casos poderá ocorrer a determinação de devolução de valores ao erário, podendo haver remessa ao Ministério Público para o caso de averiguação de possível crime ou improbidade administrativa.

CAPÍTULO III - O CONTROLE DA ADMINISTRAÇÃO PÚBLICA

Mas as competências dos Tribunais de Contas não se restringem a uma mera análise de conformidade contábil.

Suas atribuições constitucionais estendem-se a muitos outros atos administrativos. Por exemplo, no que se refere ao controle preventivo, cabe a esse tipo de controle atuar nas análises de editais de licitações.

Neste caso, as Cortes de Contas têm a prerrogativa de atuar cautelarmente, no meu entender, desde a formação dos atos preliminares que resultam no edital e respectiva minuta contratual e, constadas irregularidades, ilegalidades ou inconformidades, terão competência para paralisar o certame até que sejam adotadas as devidas correções. No caso concreto, havendo desavenças na relação entre o órgão controlador e controlado, as determinações dos Tribunais de Contas terão força cogente. Esta competência se estende até a fase de assinatura do contrato.

Outra competência judicante dos Tribunais de Contas diz respeito ao controle concomitante das execuções contratuais. Neste caso, a ação dos tribunais, pode-se dar de duas maneiras: cautelarmente e repressivamente. Na forma cautelar, as Cortes de Contas podem atuar toda vez que um prejuízo iminente ao erário for constatado. Neste caso, os instrumentos coativos à disposição dos tribunais são: suspensão de reequilíbrio econômico e financeiro do contrato; suspensão de pagamento ao contratado até que sejam superadas as irregularidades; afastamentos preventivos de agentes públicos responsáveis pela fiscalização contratual; determinação de tomadas de contas para apuração de responsabilidade e quantificação de danos ou prejuízos ao erário e até parecer pela sustação do contrato a ser submetido ao respectivo Poder Legislativo.

Em caso de omissão do Poder Legislativo quanto à sustação do contrato, cautelarmente, cabe ao Tribunal de Contas medidas suspensivas da execução contratual até o julgamento final do mérito.

Nota-se que, em regra, em se tratando de controle concomitante, a atuação das Cortes de Contas ocorrerá fundamentada no exercício do poder geral de cautela.

Quanto ao controle posterior (repressivo), a ação dos Tribunais de Contas ocorrerá após a consumação do ato administrativo, sempre em sede de julgamento do mérito. Todas as fases de uma contratação pública (edital, regularidade do certame e resultados alcançados quanto à economicidade, competividade e legalidade, bem como o contrato celebrado e a sua respectiva execução), independente da atuação prévia do órgão controlador, estas poderão estar sujeitas a julgamento definitivo de sua regularidade.

Nesta fase, constatadas irregularidades e ilegalidades, ganham destaque os seguintes instrumentos de coação: reparação ao erário, aplicação de multas aos agentes públicos responsáveis e a contratados, além de declaração de inidoneidade de empresas que, de má-fé, lesam o erário.

Observa-se que nos termos da Lei Complementar 64/90, no caso de julgamento de contas de ordenadores de despesas, a sua reprovação, por irregularidade de natureza insanável que caracterize ato doloso de improbidade administrativa, poderá redundar na decretação pela Justiça Eleitoral de inelegibilidade por 8 anos.

Repare que a *função sancionatória* dos Tribunais de Contas é decorrente tanto da função fiscalizatória quanto da função judicante. No meu entender não há controvérsia, ainda que as Cortes de Contas não façam parte do Poder Judiciário, suas decisões possuem eficácia plena de título executivo (Art. 71, § 3º da CF e art. 784, inciso XII, do CPC).

É claro que pelo ordenamento jurídico pátrio, todos os atos de órgãos de Estado são passiveis de revisão pelo Poder Judiciário. No caso das decisões dos Tribunais de Contas, entretanto, esse poder de revisão limita-se ao exame da sua legalidade e constitucionalidade, nunca em relação ao mérito.

A hipótese acima pode ser classificada também dentro de um outro aspecto denominado por *função corretiva*, uma das mais relevantes atribuídas às Cortes de Contas, que tem por escopo contribuir para o aprimoramento da gestão pública. É no exercício dessa função que os Tribunais emitem determinações e recomendações aos órgãos controlados e fixam prazos para a adoção de providências.

CAPÍTULO III - O CONTROLE DA ADMINISTRAÇÃO PÚBLICA

Há ainda um conjunto de outras funções exercidas pelos Tribunais de Contas, a exemplo da *função consultiva* (responder a consultas em tese sobre matéria de sua competência); *função informativa* (prestar informações sobre auditorias realizadas; dados e cálculos consolidados, dentre outras, como por exemplo enviar à Justiça Eleitoral listagem de responsáveis que tiveram contas julgadas irregulares, para fins de decretação de inelegibilidade nos termos da Lei Complementar 64/90); *função normativa* (expedir instruções sobre matéria de sua competência e organização interna); *função de ouvidoria* (as Cortes de Contas recebem e processam denúncias feitas por cidadãos, empresas, partidos políticos, associações civis etc).

3.4.3 Natureza jurídica das decisões dos Tribunais de Contas

O controle da coisa pública, inerente ao Estado Democrático de Direito, atua como fator inibidor de abusos, buscando assegurar que os valores político-constitucionais desse tipo de Estado sejam observados, exercendo função indispensável para a implementação de valores humanitários expressos nos direitos fundamentais, por exemplo, no princípio republicano e numa relação altiva com a democracia.

Essa afirmação pode ser extraída dos objetivos traçados para o Estado brasileiro no artigo 3º da Constituição da República: *construir uma sociedade livre, justa e solidária; garantir o desenvolvimento nacional; erradicar a pobreza e a marginalização e reduzir as desigualdades sociais e regionais; promover o bem de todos, sem preconceitos de origem, raça, sexo, cor, idade e quaisquer outras formas de discriminação.*

Como vimos, o controle interno encontra sua fonte de fundamento na autotutela administrativa, ou seja, na competência de revisão dos próprios atos. Por sua própria natureza, este é um poder dependente do agir, do impulso, da vontade política dos agentes públicos, podendo ser iniciado por meio de uma sujeição hierárquica ou decorrer da análise da própria autoridade que emitiu o ato.

O controle é inerente ao Estado Democrático de Direito. Para ser eficiente, esse tipo de Estado exige um Controle Externo autônomo, investido de competência e capacidade técnica para atuar com vistas a fazer com que os recursos públicos resultem em políticas públicas que melhor se adequem aos interesses da coletividade.

Ao delegar às Cortes de Contas parte das competências e funções atribuídas ao Controle Externo, a Constituição de 1988 estabeleceu de maneira expressa que suas decisões que resultarem em imputação de débito ou multa terão eficácia de título executivo (art. 71, § 3º), não competindo, contudo, aos Tribunais de Contas proceder à execução de seus julgados conforme já decidiu o Supremo Tribunal Federal, ao declarar inconstitucional dispositivo da Constituição do Estado de Sergipe, que atribuía ao Tribunal de Contas local a competência para "executar suas próprias decisões que impliquem em débito ou multa".[88]

É inegável que a Constituição Federal conferiu aos Tribunais de Contas certas competências de cunho jurisdicional (art. 73, *caput*). O conteúdo, entretanto, da jurisdição das Cortes de Contas difere daquela conferida ao Poder Judiciário.

Enquanto a jurisdição atribuída às Cortes de Contas avalia a legalidade, legitimidade e economicidade dos atos praticados pela Administração Pública, "a jurisdição dos órgãos judicantes do Poder Judiciário, também exercida com exclusividade, examina a legalidade e, de certa forma, a moralidade relativa ao comportamento, direito e deveres das duas partes que compõem a relação processual".[89]

Os julgados produzidos pelas Cortes de Contas não podem ser enquadrados como de natureza judicial, mas tampouco podem ser

---

[88] (...) As decisões das Cortes de Contas que impõe condenação patrimonial aos responsáveis por irregularidades no uso de bens públicos tem eficácia de título executivo (CF, art. 71, § 3º). Não podem, contudo, ser executadas por iniciativa do próprio Tribunal de Contas, seja diretamente ou por meio do Ministério Público que atua perante ele. (...) A ação de cobrança somente pode ser proposta pelo ente público beneficiário da condenação imposta pelo Tribunal de Cotas, por intermédio de seus procuradores que atuam junto ao órgão jurisdicional competente (...). (RE 223.037-SE, Rel. Min. Maurício Corrêa, DJ 2/8/2002.)

[89] PARDINI, Frederico. *Tribunais de Contas*: órgão de destaque constitucional. Tese (doutorado).Faculdade de Direito da Universidade Federal de Minas Gerais, 1997, pp. 260/261.

CAPÍTULO III - O CONTROLE DA ADMINISTRAÇÃO PÚBLICA

caracterizados como meramente administrativos. No exercício de suas competências os Tribunais de Contas detêm prerrogativas e obedecem a diversos requisitos próprios da jurisdição: independência; imparcialidade; igualdade processual; contraditório e ampla defesa e direito a duplo grau de jurisdição (direito a recurso).

Em razão dessas características, é possível dizer que as Cortes de Contas exercem uma jurisdição administrativa, para além de uma mera análise formal das contas, um juízo de mérito sobre os atos de agentes públicos responsáveis por gastos e contratações públicas.

Não se trata, assim, de uma mera atestação formal da regularidade de um conjunto de documentos e demonstrações contábeis, mas sim da apreciação, em sua totalidade, da legalidade, legitimidade e economicidade dos atos administrativos que importem em gastos públicos sujeitos ao seu controle.

Em que pese a função jurisdicional ser tipicamente do Judiciário, a Constituição concedeu poderes atípicos a outros órgãos para exercer funções jurisdicionais. Podemos destacar os seguintes exemplos: (i) as contas prestadas pelos Chefes do Poder Executivo, cujo julgamento é de competência exclusiva do Parlamento; (ii) os crimes de responsabilidade do presidente e o vice-presidente da República e, no caso de ministros de Estado, além de, nos crimes de responsabilidade também os demais crimes conexos com aqueles, cuja competência é privativa do Senado Federal; (iii) a competência privativa do Senado Federal para processar e julgar os ministros do Supremo Tribunal Federal, o Procurador-Geral da República e o Advogado-Geral da União nos crimes de responsabilidade.

Além destes, podemos citar as Comissões Parlamentares de Inquérito, que no exercício de suas atribuições terão poderes de investigação próprios das autoridades judiciais, podendo, de ofício, inclusive determinar a quebra de sigilo bancário e fiscal de investigados.

Outros exemplos de atribuição jurisdicional de entidades de natureza administrativa são as Agências Reguladoras, como a Agência Nacional do Petróleo, que possui a competência de fixar o valor e a

JOÃO ANTONIO DA SILVA FILHO

forma de pagamento ao proprietário dos dutos e transportes, caso não tenha acordo entre as partes (art. 58, § 1º, Lei n. 9.478/97), assim como o Conselho Administrativo de Defesa Econômica-CADE, a quem compete decidir sobre a existência de infração à ordem econômica.

Quanto à jurisdição atribuída aos Tribunais de Contas, com a indicação expressa no artigo 73 da Constituição da República, prevalece a interpretação de prerrogativa para análise das contas públicas quanto à sua legalidade, legitimidade e economicidade ou na sua tomada de contas, enquanto a revisão judicial estaria restrita à legalidade e elementos da moralidade administrativa.[90]

Mas para o Ministro Carlos Ayres Britto, a interpretação constitucional pode levar a uma leitura maior da jurisdição conferida às Cortes de Contas:

> Agora, a Constituição, ao aparelhar o Tribunal de Contas como órgão de controle, o fez por um modo surpreendente; deu aos Tribunais de Contas dignidade de Tribunais Judiciários. (...) Por exemplo, o Tribunal de Contas da União tem as atribuições, no que couber, do Superior Tribunal de Justiça, está na Constituição isso. Os Tribunais de Contas dos Estados têm as atribuições, também no que couber, ou seja, mutatis mutandis, dos Tribunais de Justiça. Os Auditores dos Tribunais de Contas são, pela Constituição, equiparados a Juízes Federais, exercem uma judicatura, está dito na Constituição. Os Tribunais de Contas, os Ministros do TCU têm prerrogativas, direitos, vantagens dos Ministros do STJ. Os Conselheiros dos Tribunais de Contas dos Estados têm um regime jurídico funcional, no plano das prerrogativas dos direitos, igual aos Desembargadores do Estado.[91]

---

[90] *Apud*. JACOBY FERNANDES, J. U. PARDINI, Frederico. *Tribunal de Contas*: órgão de destaque constitucional. 1997. Tese (Doutorado em Direito Público) – Faculdade de Direito da Universidade Federal de Minas Gerais, Belo Horizonte.

[91] BRITTO, Carlos Augusto Ayres. *Tribunal de Contas*: instituição pública de berço

CAPÍTULO III - O CONTROLE DA ADMINISTRAÇÃO PÚBLICA

A discussão quanto à natureza jurisdicional conferida às decisões de contas passa também pelo que se entende quanto ao fenômeno da "coisa julgada" na esfera administrativa.

Assim como no exame dos atos administrativos, o mérito das decisões das Cortes de Contas estaria preservado em respeito à divisão de funções e competência atribuídas a cada um dos entes estatais.[92]

Sobre o tema, vale a lição de Jacoby Fernandes no sentido de que não haveria fundamento para dissonância quanto à natureza da esfera de revisão dos atos administrativos pelo Judiciário e dos julgados das Cortes de Contas:

> Se a doutrina guarda uniformidade, nesse sentido, por que motivos pretendem alguns rever judicialmente as decisões dos julgamentos dos Tribunais de Contas? Julgar é apreciar o mérito e, portanto, mesmo que a Constituição não utilizasse expressamente o termo "julgar", ainda assim, uma decisão dessa Corte seria impenetrável para o Poder Judiciário. Se a macula manifesta ilegalidade, como qualquer sentença, poderia até ser cassada por meio de mandado de segurança, mas nunca, jamais, poderia se permitir ao magistrado substituir-se nesse julgamento de mérito.

---

constitucional. *Revista Técnica dos Tribunais de Contas – RTTC*. Belo Horizonte, ano 2, n. 1, p. 1325, set. 2011.

[92] José Cretella Jr: *Inteiramente livre para examinar a legalidade do ato administrativo, está proibido o Poder Judiciário de entrar na indagação do mérito, que fica totalmente fora do seu policiamento.* Seabra Fagundes: *O controle se torna um fator de equilíbrio entre recíproco entre os poderes e não prevalência dum sobre o outro. Revogando o ato, modificando-o, o que importaria numa revogação temporária, o Poder Judiciário confundir-se-ia com o Poder Executivo.* Celso Ribeiro Bastos: *O aspecto da legalidade é susceptível de revisão pelo Poder Judiciário. O de mérito não.* Hely Lopes Meirelles: *em tais casos a conduta do administrador confunde-se com a do juiz na aplicação da lei, diversamente do que ocorre nos atos nos atos discricionários, em que, além dos elementos sempre vinculados (competência, finalidade e forma), outros existem (motivo e objeto), em relação aos quais a Administração decide livremente, e sem possibilidade de correção judicial, salvo quando o seu proceder caracterizar excesso ou desvio de poder.* Lúcia Valle Figueiredo: *Se o Judiciário deve conhecer qualquer lesão a direito "ipso facto", é o Judiciário titulado a dizer quando a conduta administrativa quedou-se dentro da moldura legal, não a desbordando.* (*Apud*: JACOBY FERNANDES, J. U. *Tribunais de Contas do Brasil*: jurisdição e competência. 4ª ed. Belo Horizonte: Fórum, 2016, pp. 127/129).

JOÃO ANTONIO DA SILVA FILHO

O juiz também deve contar sua atuação nos limites da lei e, foi a Lei Maior que deu a competência para julgar contas a uma Corte, devidamente instrumentalizada e tecnicamente especializada.

Portanto, mesmo que o julgamento das Cortes de Contas não fosse um ato jurisdicional típico, mas apenas um ato administrativo, seu mérito jamais poderia ser revisto pelo Poder Judiciário.[93]

A jurisprudência dos Tribunais ainda diverge quanto à extensão da análise de mérito das decisões proferidas pelos Tribunais de Contas. Entretanto, transcrevemos trecho de decisão do Tribunal de Justiça de São Paulo, que corrobora o entendimento defendido nesta obra:

> ANULATÓRIA. Multa imposta pelo TCE por contratação irregular de professores temporários. Observância dos princípios do contraditório e da ampla defesa durante o procedimento administrativo. Constitucionalidade do art. 104 da LCE n. 709/93. Motivação suficiente para a imposição da multa. Inviabilidade de o Judiciário imiscuir-se no mérito do julgamento. Precedentes. Sentença reformada. Recurso conhecido e provido.
>
> (...)
>
> Trecho do voto:
>
> Nessa esteira de raciocínio, percebe-se que desprovida de fundamentação jurídica a pretensão do apelante, uma vez que não é possível rediscutir a matéria de mérito da decisão proferida pelo Tribunal de Contas. Ora, por se cuidar de decisão administrativa, compete ao Poder Judiciário inquirir sua legalidade e legitimidade, assim como indagar a respeito da nulidade ou não do ato administrativo em pauta, deixando, contudo, de enveredar sobre o mérito administrativo, que foge à sua competência. "O controle

---

[93] JACOBY FERNANDES, J. U. *Tribunais de Contas do Brasil*: jurisdição e competência. 4ª edição. Belo Horizonte: Fórum, 2016, p. 129.

CAPÍTULO III - O CONTROLE DA ADMINISTRAÇÃO PÚBLICA

jurisdicional sobre decisões dos Tribunais de Contas é admissível, mas apenas para coibir ilegalidades, e não para discutir os critérios técnicos adotados."[94]

Assim, em razão da natureza das competências e da posição constitucional ocupada pelas Cortes de Contas, o mérito de suas decisões goza do atributo da imutabilidade, próprio do instituto da coisa julgada formal, só podendo ser revistas pelo Judiciário quanto a aspectos relacionados à legalidade, sendo o mérito impedido de ser revisto ou desacolhido pelo Judiciário.

3.5 O controle prévio, concomitante e posterior dos Tribunais de Contas

Já tivemos oportunidade, neste capítulo, de apresentar, de forma sucinta, as diversas classificações quanto ao controle da administração pública, nos detendo com maior vagar à classificação que leva em consideração a extensão do controle, que pode ser divido em interno e externo.

Para uma melhor compreensão das Cortes de Contas, entretanto, é importante discorrermos também sobre o momento em que o controle é exercido, se previamente ao ato controlado, se concomitante à formação do ato ou se posterior à sua concretização.

A tradição dos Tribunais de Contas no Brasil ficou marcada por uma atuação quase que exclusivamente pelas análises de contas, ou seja, se restringia a analisar a conformidade dos atos administrativos já postos no mundo jurídico.

Esse controle exercido após a prática do ato tem natureza repressiva, ocorrendo em geral por meio de exame de prestações de contas e

---

[94] Apelação n. 1325-72.2013.8.26.0319. Confira-se nesse mesmo sentido os seguintes julgados do Tribunal de Justiça de São Paulo: Apelação n. 0380620-14.2009.8.26.0000, rel. Des. Carlos Eduardo Pachi, j. 08.02.2010; Apelação n. 0132853-33.2008.8.26.0053, rel. Des. Oswaldo Luiz Palu, j. 13.08.2014;Apelação n.0145199-78.2008.8.26.0000, rel. Des. Oscild de Lima Junior, j. 20.06.2011.

JOÃO ANTONIO DA SILVA FILHO

também da fiscalização da regularidade de atos realizados em procedimentos licitatórios e nos contratos administrativos, buscando aferir se o procedimento fiscalizado foi praticado de acordo com a legislação e em consonância com o interesse público.

Entretanto, os novos desafios decorrentes das mudanças da sociedade e da natural evolução da administração pública – que no Brasil ainda corre atrás de ser mais gerencial e menos burocrática – fruto dos avanços tecnológicos e da complexidade da vida nas sociedades contemporâneas, exigem que as Cortes de Contas desenvolvam linhas de atuação que procurem ir além do tradicional exame da conformidade normativa dos atos administrativos já praticados, enfocando aspectos de maior densidade analítica, a exemplo da verificação do cumprimento de metas (resultados) e questões relacionadas à eficiência da atuação da Administração e da efetividade das políticas públicas.

Nesse sentido, ganham relevância o controle prévio e o controle concomitante das Cortes de Contas como mecanismos para eficiência da sua atuação.

Sem desprezar o controle repressivo, o futuro do Controle Externo no Brasil é chegar antes que o recurso público seja desperdiçado. A competência dos Tribunais de Contas, em seu sentido contemporâneo, segue tendência de afirmação em todo o mundo com um enfoque proativo, que resulte na busca permanente pela execução dos gastos públicos com qualidade e que apresente resultados efetivos.

Cite-se, como exemplo, a exigência da formulação de alertas previsto no art. 59 da LC 101/2000, que obriga os Tribunais de Contas a criarem um efetivo acompanhamento concomitante da Administração Pública, alertando o gestor sobre eventuais irregularidades antes do encerramento do exercício e de qualquer tipo de julgamento, de forma a evitar desvios capazes de afetar o equilíbrio das contas públicas.

Para isso, é cada vez mais importante que as Cortes de Contas desenvolvam mecanismos para tornar mais eficiente os controles prévio e concomitante dos atos da Administração Pública, que deve ter como

CAPÍTULO III - O CONTROLE DA ADMINISTRAÇÃO PÚBLICA

foco a garantia de que os investimentos dos recursos públicos resultem na qualidade dos serviços prestados.

É importante destacar que o papel exercido pelos Tribunais de Contas tem relação direta com a teoria constitucional dos "freios e contrapesos". As tensões resultantes dessa relação – controle e controlado – vêm da própria natureza do exercício das atividades de controle.

Por um lado, para que o fim do Estado seja alcançado, faz-se necessário a ação colaborativa entre a Administração e o Controle Externo. Por outro, em se tratando de Controle Externo, não é possível fugir da ação "repressiva" quando constatadas inconstitucionalidades, ilegalidades e irregularidades. É desta relação dialética, às vezes tensa, noutra vezes harmônica, que se constrói, pelo instrumento do acordo democrático, o equilíbrio estável para o bem do interesse público.

O controle concomitante acorre durante a execução de um ato pela Administração Pública, buscando-se identificar eventuais irregularidades e desconformidades, determinando-se medidas corretivas de modo que eventuais prejuízos provocados pela Administração sejam cessados ou, ao menos, diminuídos.

Exemplo dessa atuação concomitante ocorre com o exame da execução de contratos administrativos pelas Cortes de Contas, pelo qual acompanha-se *pari passu*, durante determinado período, o cumprimento das condições estabelecidas no contrato. Para tanto, verifica-se por meio de uma amostra se os serviços ou fornecimento de produtos estão sendo executados e medidos conforme as condições contratuais e de acordo com a legislação pertinente.

Nesse tipo de controle avalia-se a qualidade da prestação do serviço e/ou produto contratado; se as medições atestadas, no caso de obras públicas, por exemplo, correspondem ao que de fato foi executado; se os profissionais responsáveis técnicos, no caso de obras e outros serviços, são aqueles indicados pela contratada na fase de licitação para fins de comprovação da capacitação técnico-profissional ou, em caso de substituição, se apresentam qualificação técnica equivalente ou superior ao exigido. Verificam-se também os controles utilizados pela administração para gestão e fiscalização da execução contratual, efetuando-se testes para verificar a efetividade desses controles, em especial no que toca à aferição da qualidade e quantidade daquilo que foi contratado e a correção dos valores atestados para pagamento ao contratado.

Essa forma de controle não se limita a simples verificação de documentos, mas fundamenta-se sobretudo na realização de vistorias *"in loco"*, mostrando-se extremamente relevante, pois permite a observação das condições em que estão sendo prestadas a execução do contrato.

O controle prévio, por sua vez, ocorre antes que o procedimento administrativo seja concretizado, avaliando-se previamente à formação do ato administrativo aspectos relacionados à legalidade, legitimidade e economicidade da opção da Administração, com a finalidade de se evitar que ocorra qualquer procedimento lesivo aos cofres públicos antes da concretização dos efeitos do ato controlado.

Diversamente do quanto previsto na Carta Constitucional de 1946, a Constituição de 1988 não estabelece hipóteses que condicionem a edição, validade ou eficácia de ato administrativo ao controle prévio ou concomitante dos Tribunais de Contas.

No entanto, há avalizada doutrina que reconhece a existência de situações em que a atuação das Cortes de Contas poderá ocorrer antes da tramitação de um procedimento administrativo. Nesse sentido é o magistério de **Pedro Roberto Decomain**, para quem:

> Situações existem, contudo, inclusive no Brasil, em que o controle dos atos da administração pública pode ocorrer antes da sua realização ou, quando menos, no decorrer de procedimento administrativo específico, destinado a culminar com a prática de determinado ato administrativo.[95]

Nesse aspecto, o Supremo Tribunal Federal, escorado na Teoria dos Poderes Implícitos, originária do constitucionalismo americano,

---

[95] DECOMAIN, Pedro Roberto. *Tribunais de Contas no Brasil*. São Paulo: Dialética, 2006, pp. 179/180.

CAPÍTULO III - O CONTROLE DA ADMINISTRAÇÃO PÚBLICA

reconhece aos Tribunais de Contas o Poder Geral de Cautela, em decorrência das atribuições e competências fiscalizadoras conferidas a tais órgãos pela Constituição Federal de 1988, conforme ficou sedimentado no julgamento do MS n. 24.510/DF.

Nos termos do voto apresentado pelo Ministro Celso de Mello neste julgamento, o poder cautelar, ainda que de forma implícita, também compõe a esfera de atribuições institucionais das Cortes de Contas, tendo em vista tratar-se de atributo apto a instrumentalizar e tornar efetivo o exercício das competências que lhes foram expressamente outorgadas pelo próprio texto da Constituição da República:

> [...] a atribuição de poderes explícitos, ao Tribunal de Contas, tais como enunciados no art. 71 da Lei Fundamental da República, supõe que se lhe reconheça, ainda que por implicitude, a titularidade de meios destinados a viabilizar a adoção de medidas cautelares vocacionadas a conferir real efetividade às suas deliberações finais, permitindo, assim, que se neutralizem situações de lesividade, atual ou iminente, ao erário público.
>
> [...]
>
> Na realidade, o exercício do poder de cautela, pelo Tribunal de Contas, destina-se a garantir a própria utilidade da deliberação final a ser por ele tomada, em ordem a impedir que o eventual retardamento na apreciação do mérito da questão suscitada culmine por afetar, comprometer e frustrar o resultado definitivo do exame da controvérsia.
>
> Assentada tal premissa, que confere especial ênfase ao binômio utilidade/necessidade, torna-se essencial reconhecer – especialmente em função do próprio modelo brasileiro de fiscalização financeira e orçamentária, e considerada, ainda, a doutrina dos poderes implícitos – que a tutela cautelar apresenta-se como instrumento processual necessário e compatível com o sistema de controle externo, em cuja concretização o Tribunal de Contas desempenha, como protagonista autônomo, um dos mais relevantes papéis constitucionais deferidos aos órgãos e às instituições estatais.[96]

---

[96] MS n. 24.510/DF. Relatora Min. Ellen Gracie.

JOÃO ANTONIO DA SILVA FILHO

O controle prévio no âmbito das Cortes de Contas materializa-se, sobretudo, pela utilização do Poder Geral de Cautela, que confere à autoridade incumbida de julgar a causa a possibilidade de aplicar medidas consubstanciadas na garantia de preservação de direitos, principalmente quando a consumação do lapso temporal possa ocasionar o perecimento ou prejuízo demasiado à demanda e, no caso, a preservação do interesse público.

A medida cautelar no âmbito das Cortes de Contas visa à eficiência na proteção ao erário que, no caso específico, importa em instrumento que permite o exercício do controle prévio das contratações e gastos públicos em geral, bem como para garantir o cumprimento contratual com fundamento na garantia da finalidade pública.

As regras legais aplicáveis aos procedimentos cautelares pressupõem – para sua concessão – o atendimento de dois requisitos, a saber: (a) plausibilidade dos argumentos jurídicos que apontem a existência de indícios de irregularidades (*fumus boni juris*) e (b) receio iminente de grave lesão ao erário ou de risco de ineficácia da decisão final de mérito (*periculum in mora*).

No caso específico dos processos licitatórios, ainda que se reconheça que os atos relacionados à fase interna da licitação, em relação ao controle exercido pelos Tribunais de Contas, tenham natureza diferenciada, certo é que uma vez constatada a plausibilidade, ainda que em tese, da existência de iminente situação apta a conduzir a um prejuízo aos cofres públicos, o Controle Externo, ancorado no Poder Geral de Cautela, tem o dever de atuar para, preventivamente, evitar a ocorrência de lesão ao erário, assegurando a preservação do interesse público, considerando para tanto aspectos relacionados aos princípios da legalidade, legitimidade e economicidade.

A atuação do Controle Externo ainda na fase interna de processos licitatórios, mesmo que não constitua regra, busca o prévio exame da legalidade e legitimidade durante a formação do ato administrativo, evitando que prejuízos venham a ocorrer em razão de sua tardia atuação.

Parte da doutrina, entretanto, questiona a extensão e a forma como o controle prévio vem sendo utilizado pelas Cortes de Contas,

CAPÍTULO III - O CONTROLE DA ADMINISTRAÇÃO PÚBLICA

problematizando essa atuação a partir do desenho normativo das atribuições conferidas a essas Cortes e, sobretudo, a aproximação excessiva entre o papel de controlador inerente às Cortes de Contas e as funções inerentes e exclusivas do gestor público, o que atribuiria um papel aos Tribunais de Contas de "quase gestor", competência que não foi prevista na Constituição Federal.[97]

Para este questionamento segue a pergunta: o que deve fazer o Controle Externo quando se depara com situações de iminente prejuízo ao interesse público antes mesmo da conclusão final de um procedimento administrativo?

Seria o controle prévio incompatível com a natureza do Controle Externo da Administração, desbordando das funções constitucionais e incidindo em aspectos ligados ao mérito da função administrativa, de atribuição exclusiva do gestor público?

Para responder a esses e outros questionamentos, verificaremos no capítulo a seguir algumas iniciativas e medidas inovadoras, relacionadas também ao controle prévio, desenvolvidas recentemente pelo Tribunal de Contas do Município de São Paulo.

---

[97] JORDÃO, Eduardo. "A intervenção do TCU sobre editais de concessão não publicados – controlador ou administrador?" *Revista Brasileira de Direito Público da Economia – RDPE*, Belo Horizonte, ano 12, n. 47, pp. 209-230.

Capítulo IV

A INOVAÇÃO NA PRÁTICA DOS TRIBUNAIS DE CONTAS

4.1 Evolução do Controle externo e os novos desafios para as Cortes de Contas

Um dos principais desafios para o controle da Administração Pública contemporânea é o desenvolvimento de mecanismos de controle menos focados na aferição de exigências formais (meramente burocráticas) e mais voltado para os resultados da atuação administrativa, exame que exige uma visão que vá além da correção/legalidade dos gastos, passando a avaliar aspectos relacionados aos resultados e à efetividade das ações governamentais.

Se num primeiro momento a atuação das Cortes de Contas tinha características formalísticas, restritas muitas vezes a análises documentais e contábeis, em que se verificavam a estrita conformidade aos preceitos legais, com a Constituição Federal de 88, que agregou ao tradicional controle da legalidade, os exames da legitimidade e economicidade da atividade administrativa, inaugurou-se uma nova etapa para os Tribunais de Contas, que passaram a ser desafiados a verticalizar sua atuação, examinando aspectos relacionados não apenas à validade formal dos atos sob o seu controle, mas também questões relacionadas ao fundamento e, sobretudo, ao desempenho da execução dos gastos públicos.

JOÃO ANTONIO DA SILVA FILHO

4.1.1 Controle da Legalidade, Legitimidade e Economicidade

As constituições anteriores à Carta de 1988 referiam-se apenas incidentalmente ao controle da legalidade. Com o texto de 88, a atuação do Controle Externo e, por conseguinte, dos Tribunais de Contas passa a se estender também sobre a economicidade e a legitimidade, conforme o artigo 70:

> Art. 70. A fiscalização contábil, financeira, orçamentária, operacional e patrimonial da União e das entidades da administração direta e indireta, quanto à legalidade, legitimidade, economicidade, aplicação das subvenções e renúncia de receitas, será exercida pelo Congresso Nacional, mediante controle externo, e pelo sistema de controle interno de cada Poder.

Esse dispositivo, consciente ou não, se assemelha ao art. 114 da Constituição Alemã 1949.[98]

> 2. O Tribunal Federal de Contas, cujos membros possuem a independência judicial, controlará as contas assim como a economicidade e a legalidade da gestão orçamentária e econômica.

As Constituições da Itália (1947) e também da Espanha (1978) possuem dispositivos que guardam semelhança às previsões contidas no art. 70 da nossa Constituição, demonstrando que o fortalecimento das atribuições do Controle Externo no Brasil está em consonância com avanços já consolidados em nações desenvolvidas do ponto de vista econômico e social.

O *controle da legalidade* pelas Cortes de Contas examina a adequação, além da compatibilidade dos atos administrativos ao ordenamento jurídico, a gestão financeira e orçamentária da administração, avaliando a conformidade legal dos gastos públicos em sentido amplo,

---

[98] TORRES, Ricardo Lobo. "A legitimidade democrática e o Tribunal de Contas". *Revista de Direito Administrativo*, vol. 194. out/dez. 1993.

CAPÍTULO IV - A INOVAÇÃO NA PRÁTICA DOS TRIBUNAIS DE CONTAS

abrangendo todos os atos e operações necessárias à execução do orçamento público, incluindo o julgamento das contas de gestão e a emissão de parecer prévio, de caráter opinativo, no caso das contas de governo.

Em recentes decisões no ordenamento interno dos Tribunais de Contas, ganha força a separação da análise contábil da gestão pública (contas de gestão) e das funções de governo.[99] Contas de gestão importam na análise da aderência ao cumprimento das leis orçamentárias, da aplicação dos valores mínimos exigidos pela Constituição Federal e Lei de Responsabilidade Fiscal, do desempenho fiscal e dos riscos fiscais projetados para o futuro.

Já o exame das funções de governo busca compatibilizar programas e metas, sob a perspectiva da efetividade das políticas públicas.

O *controle da economicidade* deve ser entendido como a fiscalização material da execução orçamentária, atuando como controle da eficiência da gestão financeira, em contraponto ao exame da legalidade, de cunho formal.

A economicidade pode ser traduzida como a maximização das receitas por meio do alcance dos resultados esperados ao menor custo possível. Para Régis Fernandes de Oliveira, a economicidade diz respeito à obtenção da melhor proposta para efetuação da despesa pública, ou

---

[99] O Tribunal de Contas do Município de São Paulo, a partir da análise das contas do executivo de 2018, passou a separar o exame das contas prestadas sob a ótica da gestão e das funções de governo, emitindo parecer sobre a conformidade das contas do executivo numa perspectiva formal/contábil, sobretudo em relação à conformidade da aplicação orçamentária e do equilíbrio das contas públicas. Este é o parecer prévio que será submetido ao Poder Legislativo.

Visando avaliar o resultado, numa visão de Tribunais de Contas como avalistas de políticas públicas, a separação em funções de governo busca construir indicadores que servirão como referenciais para orientar o gestor público a tornar a administração mais eficiente. Ao analisar as funções de governo o objetivo é, a partir de uma análise técnica criteriosa, apontar inconsistências, pontos de melhoria e relacioná-las à economicidade. Naquilo que diz respeito à discricionariedade administrativa, apresentar recomendações e, em relação a eventuais ilegalidades detectadas, expedir determinações corretivas.

seja, se o caminho perseguido foi o melhor e mais amplo para chegar à despesa e se ela se realizou de maneira módica, dentro da equação custo-benefício.[100]

O gestor público, pelo princípio da economicidade, deve demonstrar que a escolha realizada para atender ao interesse público foi a alternativa mais adequada dentre as demais opções à sua disposição.

Como bem ressaltado por Ricardo Lobo Torres, o exame da economicidade:

> Transcende o mero controle da economia de gastos, entendida como aperto ou diminuição de despesas, pois abrange também a receita, na qual a aparece como efetividade a realização das entradas orçamentárias. É sobretudo, a justa adequação e equilíbrio entre as duas vertentes das finanças públicas. O controle da economicidade, relevante no direito constitucional moderno, em que o orçamento está cada vez mais ligado ao programa econômico, inspira-se no princípio do custo/benefício, subordinado à ideia de justiça, que deve prevalecer no fornecimento de bens e serviços públicos.[101]

O princípio da economicidade deve nortear a fiscalização contábil, financeira e orçamentária, indicando que o controle avaliará também o custo/benefício das medidas com significação financeira, buscando identificar e contribuir para que os resultados desejados com a ação governamental sejam alcançados com otimização e eficiência, prestigiando uma relação favorável entre meios e fins. Pode-se entender que, ao relacionar meio e fim, busca-se o equilíbrio na aplicação de recursos públicos disponíveis para atender o interesse publico com maior eficiência. Economicidade, relaciona-se a despesas e objetivos.

Nem sempre o menor custo significa a melhor política pública. É preciso buscar sempre o equilíbrio entre a proporcionalidade dos meios

---

[100] OLIVEIRA, Regis Fernandes de. *Curso de direito financeiro*. 5ª ed. São Paulo: Revista dos Tribunais, 2013.

[101] TORRES, Ricardo Lobo. "A legitimidade democrática e o Tribunal de Contas". *Revista de Direito Administrativo*, vol. 194. out/dez. 1993.

CAPÍTULO IV - A INOVAÇÃO NA PRÁTICA DOS TRIBUNAIS DE CONTAS

e a razoabilidade dos fins para assim encontrar a fórmula adequada de atingir a finalidade pública de um ato administrativo.

Já o *controle da legitimidade* exige um exame do ato que se pretende controlar que ultrapasse a simples verificação da regularidade formal, demandando que se avalie a finalidade e a motivação oferecida pelo gestor público, de maneira a impedir que, sob o escudo da formalidade, sejam praticados atos contrários ao interesse público. Esta dinâmica exige, por parte do Controle Externo, um juízo de ponderação, de modo que, por um lado, o princípio da legalidade estrita não seja atropelado por má-fé, pressa desarrazoada ou pelas dinâmicas das disputas políticas eleitorais e, por outro, haja um olhar criterioso para que o excesso de formalismo não seja um fator impeditivo da implantação de programas de governo legitimados pelo processo de escolhas democráticas próprios das regras estabelecidas no Estado Democrático de Direito.

Essa forma de controle, que não fica restrita a exames meramente formais da legalidade, exige que os Tribunais de Contas se debrucem sobre o plano da qualidade da gestão pública, por meio da análise dos resultados alcançados, examinando aspectos relacionados ao bom uso dos recursos públicos, tais como a adequação dos gastos aos fins sociais pretendidos, a utilização de técnicas adequadas e a eficiência econômica na atuação do gestor público.

Esses novos parâmetros e ferramentas de controle instituídos pela Constituição de 1988 representaram um alargamento das atribuições conferidas aos Tribunais de Contas, fornecendo as bases para que o Controle Externo concilie ao acurado controle da legalidade novas iniciativas de natureza proativa e colaborativa.[102]

Esse novo enfoque das Cortes de Contas busca uma atuação mais propositiva, destinada a contribuir para a concretização das finalidades

---

[102] DANTAS, Bruno e DIAS, Frederico. "A evolução do controle externo e o Tribunal de Contas da União nos 30 anos da Constituição Federal de 1988". *In: 30 Anos da constituição brasileira*: democracia, direitos fundamentais e instituições. TOFFOLI, José Antonio Dias (Coord.). Rio de Janeiro: Forense, 2018.

do Estado, atuando mais num sentido colaborativo para o aprimoramento da governança e das políticas públicas.

Ao desempenhar esse papel, sem se fazer substituir ou se imiscuir na discricionariedade do gestor público quanto a definições e escolhas dos programas governamentais, os Tribunais de Contas podem desempenhar um relevante papel para assegurar que aquelas políticas públicas corretas, com resultados positivos para a coletividade, possam adquirir a dimensão de políticas de Estado. Quero dizer: é função precípua dos Tribunais de Contas nos tempos contemporâneos contribuir para que a legítima rotatividade do poder político, própria dos modelos democráticos, seja um fator também de legitimação de políticas públicas afirmativas, inclusivas e cidadãs. Isso implica numa ação colaborativa por parte das Cortes de Contas, atuando com avalistas de políticas públicas consistentes e perenes, isto é, fazer valer, no tempo e no espaço, um dos princípios norteadores da atuação dos Tribunais de Contas – a supremacia do Interesse Público. [103]

Essa concepção decorre da profunda e essencial relação do controle das finanças do Estado com os direitos fundamentais constitucionalizados. Neste caso, um é dependente do outro: não se concretizam os direitos fundamentais sem políticas públicas cidadãs, sem instituições fortalecidas e, ao mesmo tempo, tudo isso é dependente de uma boa gestão do dinheiro público.

Ao exercerem a fiscalização contábil, financeira, orçamentária, operacional e patrimonial da Administração Pública (art. 70 da CF), as Cortes de Contas atuam como instrumentos essenciais no controle de garantias do cidadão na implementação dos direitos fundamentais, sobretudo naqueles traduzidos em prestações positivas do Estado, a exemplo da educação, saúde, assistência social, proteção ao meio ambiente etc. Em última análise, a implementação dessas prestações demanda o

---

[103] Cabe registrar que função de controle é um direito fundamental do cidadão e por ser caracterizada desta forma não pode sofrer retrocesso nem solução de continuidade, por isso devem prevalecer as garantias de existência desses órgãos contra atos pelo seu fechamento, assim como estão garantidas as prerrogativas dos magistrados aos membros de seu colegiado.

CAPÍTULO IV - A INOVAÇÃO NA PRÁTICA DOS TRIBUNAIS DE CONTAS

aporte significativo de recursos públicos, cujo controle é fator essencial para a sua boa aplicação.

A alternância do poder representa um dos pilares do sistema democrático. Entretanto, por vezes, traz como consequência um efeito colateral: a ruptura de políticas públicas bem-sucedidas oriundas de governos anteriores.

Muitas vezes, políticas públicas que, para sua construção, demandaram a aplicação substancial de recursos, e que se mostraram eficientes, trazendo resultados importantes para a comunidade, são descontinuadas em função da ascensão ao poder de um novo mandatário com novos referenciais programáticos.

A atuação das Cortes de Contas deve enfocar também, respeitadas a discricionariedade e as escolhas feitas pelo gestor público, a continuidade de políticas públicas (programas, serviços e obras públicas) que consumiram grandes somas de recursos e que se mostraram exitosas.

O controle, sobretudo da legitimidade da atividade da administração, deve sancionar atos que procurem inibir, enfraquecer ou desvirtuar políticas públicas consolidadas, ainda que em gestões anteriores, porém demonstraram ser efetivas do ponto de vista do benefício social.

Neste caso, o desafio é contribuir para a perenidade de ações governamentais que promovam o cumprimento e a implementação de determinações da Constituição Federal. O que se espera das Cortes de Contas na atual quadra histórica é que atuem como fiadores da estabilidade de políticas públicas de Estado, que transcendam, pela sua natureza, governos e ideologias.

Ao longo das próximas seções serão desenvolvidas recentes experiências de cunho inovador no âmbito do Tribunal de Contas do Município de São Paulo, entidade que este autor tem a honra de presidir no momento em que escreve estas linhas.

4.2 Inovações na prática do controle externo

A Corte de Contas paulistana, entidade que ocupa a centralidade no desempenho do papel de fiscalização das atividades do município de

São Paulo, cujo PIB é superior ao da maior parte dos Estados da federação[104], vem, nos últimos anos, consolidando e aperfeiçoando uma cultura de gestão estratégica e de planejamento com vistas ao fortalecimento das ações de controle, transparência e eficiência.

As demandas e a busca pelo bem-estar social são indicadores permanentes para a modernização e o constante desenvolvimento das atividades de auditoria e de análise de contas, sempre na busca por uma maior efetividade das políticas públicas adotadas, melhoria dos serviços e aperfeiçoamento da gestão de recursos públicos.

Para além da ampla análise concreta dos atos e contratos da Administração Pública, as ações e atividades de orientação desenvolvidas pelo Tribunal paulistano ganharam grande impulso nos últimos anos – a partir do fortalecimento dos controles preventivo e concomitante, sempre sustentadas por ações colaborativas e inclusivas.

4.2.1 Auditorias Operacionais: valorização de políticas públicas e sua avaliação pelo resultado

Além de novos parâmetros de controle, a Constituição de 1988 previu também a fiscalização operacional da atividade administrativa pelos Tribunais de Contas. Esse tipo de controle consiste no exame da economicidade, eficiência, eficácia e efetividade de programas e atividades governamentais, com a finalidade de promover o aperfeiçoamento da gestão pública.

A fiscalização operacional busca avaliar o desempenho da administração, servindo para determinar se o objeto fiscalizado atinge, excede ou está abaixo do desempenho esperado. Constatando-se que a performance da administração está aquém do que dela se espera ou que há pontos de melhorias, são formuladas recomendações para possibilitar o aprimoramento da gestão e também da execução de políticas públicas.

---

[104] O orçamento anual da cidade de São Paulo é o sexto maior da República, ficando abaixo apenas dos orçamentos da União, do Estado de São Paulo, Rio de Janeiro, Minas Gerais e Rio Grande do Sul.

CAPÍTULO IV - A INOVAÇÃO NA PRÁTICA DOS TRIBUNAIS DE CONTAS

Trata-se, assim, de verdadeira evolução no sistema de controle da atividade financeira do Estado, pois além preservar as finanças e o patrimônio público, procura contribuir para a melhoria das instituições administrativas no cumprimento de suas funções.[105] O escopo aqui não é apenas apontar as falhas e desconformidades, mas principalmente articular, em conjunto com o administrador público, soluções para os dilemas administrativos estratégicos e que versem sobre temas de relevância econômica e social.

A auditoria operacional tem por finalidade a verificação, o acompanhamento e a avaliação da gestão das unidades da Administração Pública, das políticas públicas, dos programas governamentais, bem como das ações realizadas pela iniciativa privada sob concessão ou delegação, além dos contratos de gestão ou congêneres, quanto aos aspectos da economicidade, eficiência, eficácia e efetividade, entre outros – sem prejuízo da análise de conformidade.

De acordo com as Normas Internacionais das Entidades Fiscalizadoras Superiores (ISSAI), produzidas pela INTOSAI, a auditoria operacional consiste no exame independente, objetivo e confiável, que analisa se empreendimentos, sistemas, operações, programas, atividades ou organizações do governo estão funcionando de acordo com os princípios de economicidade, eficiência e efetividade e se há espaço para aperfeiçoamento (ISSAI 3000/17).

Como regra geral, as auditorias operacionais não visam a apuração de infrações funcionais ou a penalização de agentes públicos, tendo como foco a melhoria de processos e da qualidade da gestão da Administração Pública.

Tradicionalmente as auditorias levadas a efeito pelos Tribunais de Contas restringiam-se à análise da conformidade ou do desempenho financeiro das ações governamentais. Esses tipos de auditoria procuram verificar se o gestor público atuou de acordo com a legislação e outras

---

[105] MILESKI, Helio Saul. *O controle da gestão pública*. 3ª ed. Belo Horizonte: Fórum, 2018.

normas específicas aplicadas ao caso, bem como se as demonstrações contábeis são confiáveis e encontram-se escrituradas corretamente. O objetivo é identificar eventuais discrepâncias (inconformidades) entre a situação auditada e os regramentos legais, bem como identificar a veracidade e a precisão das demonstrações financeiras e dos controles da administração pública.

A auditoria operacional, por sua vez, atua com enfoque distinto. O objetivo principal não é a fiscalização voltada para identificar falhas ou inconformidades, mas sim avaliar o desempenho dos programas governamentais e de políticas públicas desenvolvidas, com a finalidade de contribuir para a melhoria da gestão. Além de avaliar o atendimento a normas legais, utiliza-se como critério de avaliação as boas práticas administrativas, valores, modelos e experiências profissionais, buscando aferir se as atividades estão sendo executadas da melhor maneira possível, enfocando-se como regra quatro dimensões de desempenho: eficiência, eficácia, efetividade e economicidade.

Quanto à economicidade, que em breves palavras pode ser definida como a minimização dos custos dos recursos utilizados na consecução de uma atividade, sem comprometimento dos padrões de qualidade, já tivemos oportunidade de tecer considerações a seu respeito quando detalhamos as novas atribuições conferidas ao Controle Externo pela Constituição de 1988.

A eficiência é definida a partir da análise entre os produtos (bens e serviços) gerados por uma atividade e os custos dos insumos necessários para produzi-los, mantidos os padrões de qualidade. Assim, a eficiência consiste na relação entre a minimização de recursos empregados e a maximização de produtos entregues em termos de quantidade, qualidade e tempestividade. Pode ser examinada sob duas perspectivas: minimização do custo total ou dos meios necessários para se obter a mesma quantidade e qualidade de produto; ou otimização da combinação de insumos para maximizar o produto quando o gasto total está previamente fixado.[106]

---

[106] BRASIL. Tribunal de Contas da União. *Manual de Auditoria Operacional*. 3ª ed. TCU, 2010.

CAPÍTULO IV - A INOVAÇÃO NA PRÁTICA DOS TRIBUNAIS DE CONTAS

O enfoque na eficiência em auditorias operacionais avalia os processos, desde os insumos até o resultado alcançado, com a finalidade de identificar deficiências e pontos de melhorias na sua implementação.

Eficácia consiste no grau de alcance das metas programadas em um determinado período, independentemente dos custos implicados. O conceito de eficácia refere-se à capacidade da administração de cumprir objetivos imediatos, traduzidos em metas de produção ou de atendimento, ou seja, a capacidade de prover bens ou serviços de acordo com o estabelecido no planejamento das ações.[107]

A análise da eficácia nas auditorias operacionais leva em consideração os critérios adotados para sua fixação e também fatores externos que possam impactar no alcance das metas fixadas, a exemplo de restrições orçamentárias ou outros fatores exógenos que possam interferir nos resultados alcançados.

A relação entre os impactos observados e os objetivos que motivaram a atuação institucional é o que caracteriza a efetividade, que pode ser definida a partir da relação entre os resultados de uma intervenção ou programa governamental quanto aos impactos observados na população e os objetivos pretendidos (impactos esperados). De acordo com o Manual de Auditoria Operacional do TCU:

> (...) ao examinar a efetividade de uma intervenção governamental, pretende-se ir além do cumprimento de objetivos imediatos ou específicos, em geral consubstanciados em metas de produção ou de atendimento (exame da eficácia da gestão). Trata-se de verificar se os resultados observados foram realmente causados pelas ações desenvolvidas e não por outros fatores (ISSAI 3100/42, 2016). A avaliação da efetividade pressupõe que bens e/ou serviços foram ofertados de acordo com o previsto. O exame da efetividade ou avaliação de impacto requer tratamento metodológico específico que busca estabelecer a relação de causalidade entre as variáveis

---

[107] BRASIL. Tribunal de Contas da União. *Manual de Auditoria Operacional*. 3ª ed. TCU, 2010.

JOÃO ANTONIO DA SILVA FILHO

do programa e os efeitos observados, comparando-os com uma estimativa do que aconteceria caso o programa não existisse.[108]

Na análise da efetividade de uma ação governamental ou a uma política pública deve-se considerar também a dimensão da promoção da equidade, ou seja, a capacidade de que a ação administrativa esteja orientada a fornecer condições para que todos tenham acesso ao exercício de seus direitos fundamentais, políticos e sociais.

Em especial no caso de políticas públicas relacionadas à área da saúde, educação e moradia, caracterizadas como instrumentos de proteção e de desenvolvimento social, o exame da efetividade deverá considerar necessariamente a promoção da equidade, avaliando a alocação e distribuição espacial dos recursos, o perfil socioeconômico ou de gênero da população envolvida e se as estratégias adotadas pelo gestor público atendem à promoção da cidadania.

Em síntese, observadas as quatro dimensões que a auditoria operacional pretende verificar, sua ação irá se dirigir a apurar sobretudo os resultados alcançados pelas ações governamentais na implementação de políticas públicas, como a qualidade dos serviços prestados, o grau de adequação dos resultados dos programas às necessidades dos cidadãos e a promoção da equidade na distribuição de bens e serviços.

No âmbito do Tribunal de Contas do Município de São Paulo, a auditoria operacional é disciplinada pela Resolução 14/2019, que determina que o planejamento anual das auditorias operacionais será compatibilizado com as diretrizes gerais para elaboração do Plano Anual de Fiscalização e orientado por critérios de seleção que levam em consideração a viabilidade de realização, da relevância social, econômica, ambiental e/ou técnica dos assuntos a serem abordados, da oportunidade de execução dos trabalhos, materialidade dos recursos envolvidos, agregação de valor em termos de novos conhecimentos e vulnerabilidade

---

[108] BRASIL. Tribunal de Contas da União. *Manual de Auditoria Operacional*. 3ª ed. TCU, 2010.

CAPÍTULO IV - A INOVAÇÃO NA PRÁTICA DOS TRIBUNAIS DE CONTAS

a risco inerente às atividades envolvidas na consecução dos objetivos dos órgãos, entidades e programas governamentais sujeitos ao controle daquela Corte de Contas.

De acordo com essa instrução, o ciclo de trabalho da auditoria operacional compreende as seguintes etapas:

I – seleção do objeto de auditoria;

II – análise de viabilidade por estudo preliminar;

III – formalização do processo em forma eletrônica;

IV – planejamento e execução da auditoria;

V – elaboração do Relatório de Auditoria Operacional em versão preliminar;

VI – recebimento e análise dos comentários do gestor responsável pelo órgão, entidade ou programa antes da emissão do Relatório Consolidado;

VII – elaboração do Relatório de Auditoria Operacional Consolidado, incluindo a análise dos comentários do gestor responsável pelo órgão, entidade ou programa;

VIII – deliberação do Colegiado;

IX – elaboração do Plano de Ação, a cargo do gestor responsável pelo órgão, entidade ou programa, quando determinado pelo Tribunal Pleno;

X – avaliação do Plano de ação pela Subsecretaria de Fiscalização e Controle de forma opinativa quanto à adequabilidade das medidas propostas pelo gestor;

XI – elaboração de Relatórios de Execução do Plano de Ação, a cargo do gestor responsável pelo órgão, entidade ou programa;

XII – recebimento e análise dos Relatórios de Execução do Plano de Ação;

XIII – realização de monitoramentos.

JOÃO ANTONIO DA SILVA FILHO

Em razão de especificidades ou da abrangência do objeto da auditoria operacional, poderão ser celebrados convênios com entidades públicas especializadas ou contratos com profissionais de áreas específicas para subsidiar os trabalhos de auditoria, os quais devem ser realizados exclusivamente pelo corpo técnico do Tribunal de Contas.

A equipe responsável pela auditoria deve elaborar um Relatório de Auditoria Operacional, resultante do levantamento de evidências, asseguradas a discricionariedade do corpo técnico de auditores quanto à avaliação dos serviços e programas governamentais auditados, bem como quanto à proposição de alternativas elencadas por meio de recomendações ou orientações aos agentes públicos. Em se deparando com indícios de dano ao erário ou com casos que demandem providências urgentes, a questão deverá ser submetida ao Conselheiro Relator previamente ao término da auditoria.

A Resolução TCMSP 14/2019 fixa prazo para que ocorra o julgamento das auditorias operacionais, que não pode ser superior a 30 dias após o encerramento da instrução processual. Trata-se de medida importantíssima a fim de que seja assegurada a efetividade do trabalho desenvolvido e, sobretudo, a implementação de forma tempestiva das proposições de melhorias elaboradas.

No julgamento, o Tribunal deverá deliberar por meio de determinações, quando houver infração a norma ou a contrato, e por recomendações, nos demais casos.

Concluído o julgamento, serão enviadas cópias da deliberação e do Relatório de Auditoria Operacional Consolidado aos responsáveis pelos órgãos, pelas entidades ou pelos programas, ao órgão do controle interno, ao Poder Legislativo e aos demais interessados, sendo os autos encaminhados à unidade de auditoria do Tribunal, que avaliará sobre a oportunidade e periodicidade de realização dos monitoramentos.

Deve ser elaborado também um sumário executivo, para divulgação no Portal Eletrônico do Tribunal, contendo informações como: objetivos da auditoria, principais achados, deliberação do Pleno, benefícios esperados e dados relevantes aos munícipes, bem como a

CAPÍTULO IV - A INOVAÇÃO NA PRÁTICA DOS TRIBUNAIS DE CONTAS

possibilidade de realização de eventos e seminários para divulgação dos resultados ao público externo, quando for o caso.

A decisão do Tribunal poderá exigir a apresentação de plano de ação e seus respectivos relatórios de execução ao gestor responsável pelo órgão, entidade ou programa auditado, que poderá ser adotado por meio de Termo de Ajustamento de Gestão – TAG.

Esse plano de ação consiste num documento apresentado pelo gestor, contendo detalhamento de ações, responsáveis e prazos, com a finalidade de sanear as deficiências identificadas, devendo ser elaborado em conformidade com as determinações e recomendações contidas no julgamento, e ser enviado ao Tribunal no prazo de 30 (trinta) dias, prorrogável uma única vez por igual período.

Quando da elaboração do Plano de Ação, os integrantes da equipe de auditoria poderão orientar o processo de construção do Plano, respeitando os limites de discricionariedade do gestor, para que o documento apresentado atenda às necessidades de monitoramento e abranja medidas satisfatórias à solução dos problemas identificados.

4.2.2 Auditorias Transversais: busca pelo resultado

Os contornos institucionais delineados pela Constituição de 1988 propiciam a execução da atividade de controle com novos enfoques e de maneira mais abrangente. Sem abrir mão dos tradicionais controles de legalidade e conformidade, novas dimensões do controle com enfoque finalístico, ou seja, no resultado da ação administrativa, começaram a emergir na atuação das Cortes de Contas.

As auditorias de caráter transversal, ainda pouco exploradas pelas Cortes de Contas, são ferramentas que podem ser enquadradas nesse novo conceito de controle das contas públicas, em convergência com as melhores práticas mundiais de Controle Externo.

Em regra, os Tribunais de Contas, em matéria de análises contratuais e de sua execução, concentram suas auditorias em exames segmentados nas matérias de sua competência. Ocorre que em geral os diversos temas objeto de contratos fragmentados perpassam órgãos distintos da administração. Constata-se que, ao analisar de modo fragmentado cada contratação, perde-se a dimensão do todo. Por exemplo, em se tratando de uma administração nas dimensões da cidade de São Paulo, tomando como referência a matéria segurança patrimonial, órgãos distintos realizam procedimentos licitatórios individualizados para contratação deste tipo de serviço.

Em geral, os procedimentos do Controle Externo são feitos contrato a contrato. A ação segmentada permite um diagnóstico de conformidade, legalidade e economicidade restrito a cada procedimento específico.

O Tribunal de Contas do Município de São de Paulo, entre outros instrumentos expostos nesta obra, inaugurou nova ferramenta de auditoria denominada de Auditoria Transversal. Essa modalidade de fiscalização consiste em superar a fragmentação da análise de contratações comuns e com o mesmo objeto em diferentes órgãos e entidades da administração pública.

O TCMSP editou recentemente a Resolução 23/2019, que disciplina essa modalidade de auditoria.

Esse tipo de auditoria tem lugar quando um mesmo ponto de risco for auditado em múltiplas licitações, atos, contratos ou instrumentos congêneres, ou, ainda, programas de governo e/ou múltiplos órgãos ou entidades jurisdicionadas, podendo ser executada por meio de exames calcados em auditoria de conformidade, operacional ou mesclando esses dois formatos (híbrida).

Quanto à matéria examinada, as auditorias transversais podem ser classificadas em simples ou matriciais.

Auditoria transversal simples é aquela que envolve múltiplos instrumentos jurídicos ou programas de governo de um ou mais órgãos ou entidades jurisdicionadas, de competência de um mesmo julgador. Já a matricial é aquela que se debruça sobre órgãos ou entidades jurisdicionadas, abrangendo julgadores distintos.

CAPÍTULO IV - A INOVAÇÃO NA PRÁTICA DOS TRIBUNAIS DE CONTAS

Esse tipo de auditoria tem por objetivo mapear aspectos comuns de temas transversais entre múltiplos órgãos ou entidades jurisdicionadas, buscando detectar a existência de falhas cometidas sistematicamente, tanto no aspecto de conformidade quanto em questões envolvendo eficiência, eficácia e efetividade.

Os pontos de risco são identificados a partir do exame de aspectos que apresentem possibilidade de ocorrência de eventos adversos à Administração Pública, tais como erro, falha, fraude, desperdício ou fracasso no objetivo. Nesses casos a avaliação da auditoria transversal procura identificar estudos de causa e efeito, com a proposição de melhorias e recomendações.

A auditoria transversal não tem por objetivo avaliar individual e integralmente a regularidade de instrumentos jurídicos ou verificar a sua execução específica. Assim, no seu julgamento não se apreciará a regularidade dos instrumentos jurídicos que a integram ou a correspondente execução, nada obstando que em processo específico sejam apuradas eventuais responsabilidades e aplicadas as sanções cabíveis.

Esta ferramenta tem como objetivo construir diagnósticos que possam alimentar indicadores de qualidade e desempenho de políticas publicas. É mais um instrumento preventivo, no sentido de corrigir rumos, valorizar políticas públicas eficientes, visando transformar as boas práticas em políticas perenes de Estado.

Obviamente, obedecido o Princípio da Legalidade Estrita, detectados indícios de graves irregularidades durante a execução da auditoria transversal, deve ser instaurado procedimento de auditoria específico, nas modalidades análise e/ou acompanhamento de execução de instrumentos jurídicos que integraram o escopo da auditoria transversal.

4.3 Uso de cautelares no controle preventivo e concomitante

Para garantir a efetividade da atuação das Cortes de Contas, reconhece-se a tais órgãos o poder geral de cautela para atuarem preventivamente à concretização de atos e atividades governamentais. Essa atribuição foi reconhecida pelo Supremo Tribunal Federal a partir de concepção do direito americano conhecida como Teoria dos Poderes Implícitos, que entende como consequência necessária das competências constitucionais explícitas um elenco de outras atribuições implícitas a fim de tornar aquelas efetivas. Quero dizer, no que se refere às cautelares, ainda que não positivadas expressamente, para tornar efetivo o Princípio da Supremacia do Interesse Público, dentre outros, sua utilização se impõe tendo em vista a necessidade de instrumentos capazes de impedir o desperdício do dinheiro público.

Essa atuação cautelar das Cortes de Contas expressa-se sobretudo no controle preventivo ou concomitante à realização da despesa pública, permitindo que o ato da administração tido como ilegal ou em desconformidade com o interesse público possa ser sobrestado antes de sua consecução ou, ao menos, anteriormente à consumação final de seus efeitos, evitando-se maiores dispêndios para o erário ou a consolidação de situações jurídicas impeditivas do retorno ao *"status quo ante"*.

As regras legais aplicáveis aos procedimentos cautelares pressupõem para sua concessão o atendimento de dois requisitos, a saber: (a) plausibilidade dos argumentos jurídicos que apontem a existência de indícios de irregularidades (*fumus boni juris*) e (b) receio iminente de grave lesão ao erário ou de risco de ineficácia da decisão final de mérito (*periculum in mora*).

O poder geral de cautela do juiz outorga à autoridade da causa a possibilidade de aplicar medidas consubstanciadas na garantia de preservação de direitos, principalmente quando a consumação do lapso temporal possa ocasionar o perecimento ou prejuízo demasiado à demanda e, no caso do controle da administração pública, à preservação do interesse público.

A medida cautelar no âmbito das Cortes de Contas, expressão do exercício do controle prévio e/ou concomitante das despesas públicas, visa à eficiência da atuação do controle externo na proteção ao erário, constituindo-se como mecanismo fundamental para garantir o atendimento ao interesse público.

CAPÍTULO IV - A INOVAÇÃO NA PRÁTICA DOS TRIBUNAIS DE CONTAS

Grande discussão acerca do poder geral de cautela das Cortes de Contas diz respeito ao momento de sua atuação. Poderiam os Tribunais de Contas exercer o controle preventivo na fase interna de procedimentos licitatórios, por exemplo? Caberia às Cortes de Contas, amparadas nos seus poderes cautelares, suspender a expedição de atos da administração no curso da execução de contratos administrativos?

A fim de responder a essa indagação, registraremos a seguir dois exemplos da atuação preventiva e concomitante do Tribunal de Contas do Município de São Paulo, nos quais este autor foi o relator das matérias.

O primeiro deles relaciona-se à atuação da Corte de Contas no curso da execução do contrato de concessão da coleta de lixo (divisíveis de limpeza pública) no Município de São Paulo, mesclando aspectos relacionados ao controle concomitante e também ao controle prévio.

O segundo, um contundente exemplo de atuação preventiva, ainda na fase interna da licitação, que trouxe uma economia substancial aos cofres públicos após concluído o procedimento licitatório, que foi remodelado em razão das determinações e recomendações da Corte de Contas paulistana.

4.3.1 Atuação do TCMSP no reequilíbrio econômico dos contratos de Concessão do Lixo como um novo marco de atuação dos Tribunais de Contas no controle preventivo dos gastos públicos

A cidade de São Paulo gera cerca de 12 mil toneladas de lixo diariamente (comum, secos, serviço de saúde e resíduos da construção civil).

A Lei Municipal 13.478/02 dispõe sobre a organização do Sistema de Limpeza Urbana do Município de São Paulo, regulamentando, no artigo 10, inciso II, parágrafo 1, a possibilidade de concessão dos serviços divisíveis de limpeza urbana no município.

Em decorrência de procedimento licitatório instaurado pela Secretaria de Serviços, em conjunto com a Autoridade Municipal de

119

Limpeza Urbana (Amlurb), órgão regulador dos serviços de limpeza no município, foram contratadas as concessionárias Loga – Logística Ambiental de São Paulo S.A., responsável pela prestação dos serviços divisíveis no agrupamento Noroeste e a concessionária Ecourbis Ambiental S.A., responsável pelo agrupamento Sudeste – englobando as regiões administrativas da capital paulista.

As concessões em referência possuem prazo de vigência de 20 anos, sendo que dentre as obrigações do Poder Concedente consta o dever de revisão ordinária quinquenal das tarifas praticadas e sua fidelidade à equação econômico-financeira inicial, considerados os eventos determinantes da correspondente recomposição de custos, segundo cláusulas contratuais que disciplinam a matéria.

Antes do término do primeiro quinquênio da concessão, ocorreu uma alteração contratual denominada "TCA-2007", cujo objetivo foi adequar marcos contratuais e ajustar a inadimplência decorrente dos primeiros anos da concessão.

A primeira revisão ordinária deveria ocorrer em 2009, porém só foi ajustada em 2012, recebendo a denominação de "Termo de Compromisso Ambiental – TCA 2012". Referido TCA foi realizado tendo por base análise da Fundação Instituto de Pesquisas Econômicas (FIPE), contratada para a realização de estudos sobre a matéria.

No papel de relator da matéria aqui tratada no âmbito do TCMSP, com base em novos estudos entabulados pela Prefeitura de São Paulo para a revisão tarifária relativa ao segundo quinquênio da concessão, determinei a instauração de procedimento fiscalizatório, na modalidade Inspeção.

O ato visava examinar os seguintes aspectos no referido Termo de Compromisso Ambiental, dentre outros: (i) a motivação do ajuste do equilíbrio econômico-financeiro dos contratos; (ii) qual a base jurídica para a realização do ajuste; (iii) o que motivou o pedido; (iv) qual foi o percentual de variação da tarifa, em razão do TCA de 2012.

Os trabalhos de fiscalização realizados pela unidade de auditoria do TCMSP foram desenvolvidos enfocando duas vertentes principais:

CAPÍTULO IV - A INOVAÇÃO NA PRÁTICA DOS TRIBUNAIS DE CONTAS

a significância do deslocamento dos marcos ajustados contratualmente (etapas de implantação de serviços e obras), bem como os correspondentes valores atribuídos às parcelas mensais do contrato de concessão.

No curso dos exames realizados, a área técnica do TCMSP efetuou constatações que a revelaram a existência de importantes obrigações desatendidas pelos concessionários, sem a existência de notícias de providências tomadas pela municipalidade para apurar as consequências da mora ou do inadimplemento, ainda que parcial, seja para efeito de responsabilidade contratual como para reexame da equação econômico-financeira.

A natureza das obrigações descumpridas – sobretudo em contratos de longa duração – traz reflexos diretos à relação econômico-financeira que, como cediço, deve se manter inalterada enquanto perdurar o vínculo contratual.

Sobre esse ponto, calha consignar manifestação exarada pela Assessoria Jurídica de Controle Externo do TCMSP, no âmbito do processo aqui referido, nos seguintes termos:

> *"O cenário de inexecução parcial – sem o claro estabelecimento das típicas consequências da relação negocial – e a iminente decisão sobre o pedido de reequilíbrio justificam, ao nosso sentir, a atuação preventiva deste Tribunal de Contas na esteira de suas competências constitucionais. É nesse diapasão que preconizam os incisos IX e X do artigo 48 da Lei Orgânica do Município de São Paulo, que não se confundem, pois, com a sustação do contrato, cujo óbice estaria na expressa inteligência do § 1º do mesmo dispositivo – e, ainda, no conteúdo do princípio da continuidade dos serviços públicos.*
>
> *Ante o exposto, frente ao histórico de descumprimento de obrigações contratuais de notável relevância, e para que não se consolide possível reequilíbrio que atente contra o interesse público, permito-me ratificar a sugestão de se determinar à Administração Municipal que, previamente à edição do ato administrativo consistente na decisão sobre o pedido de reequilíbrio econômico-financeiro, preste os esclarecimentos quanto aos critérios que serão considerados nesse exame e quanto às medidas tomadas em razão das infrações contratuais relatadas."*

A realização de termos aditivos aos contratos administrativos, como qualquer procedimento administrativo, que se concretiza por meio da realização sucessiva de atos administrativos que, apesar do encadeamento lógico e cronológico, possui certa margem de autonomia entre si, possibilita a atuação do Controle Externo de forma preventiva antes mesmo da conclusão final do procedimento administrativo como um todo.

É sabido que as Cortes de Contas não possuem, por expressa disposição Constitucional, competência para sustar contratos administrativos, cuja competência é exclusiva do Poder Legislativo. A ausência de tal atribuição, entretanto, não implica na impossibilidade de que ocorra o controle de atos administrativos que possam gerar reflexos em contratos públicos.

Nesse sentido, cabe fazer menção às palavras do Ministro do Tribunal de Contas da União, Benjamim Zymler:

> *"Não se pode olvidar que o controle realizado no âmbito de um determinado procedimento administrativo como o licitatório, por exemplo, acaba inevitavelmente gerando um certo controle prévio. Isso decorre do fato de um procedimento ser o encadeamento de atos que, apesar de serem relativamente autônomos, ocorrem em consonância com uma determinada ordem cronológica e mantém uma relação teleológica entre si, a qual deriva do fim almejado pelo agente público. Logo, frequentemente, observa-se que o controle de um determinado ato implica a fiscalização de atos subseqüentes (...). O § 2º do art. 113 da lei de licitações prevê um outro exemplo desse controle prévio reflexo."*[109]

Ainda que se reconheça que os contratos administrativos tenham, em relação ao controle exercido pelos Tribunais de Contas, natureza diferenciada, certo é que uma vez constatada a plausibilidade da existência de iminente situação apta a conduzir a um prejuízo aos cofres públicos, o Controle Externo, ancorado no Poder Geral de Cautela,

---

[109] ZYMLER, Benjamim. *O controle externo das concessões e das parcerias público-privadas.* 2ª ed. Belo Horizonte: Fórum, 2008, p. 122.

CAPÍTULO IV - A INOVAÇÃO NA PRÁTICA DOS TRIBUNAIS DE CONTAS

tem o dever de atuar para, preventivamente, evitar a ocorrência de lesão ao erário, assegurando a preservação do interesse público, considerando para tanto aspectos relacionados aos princípios da legalidade, legitimidade e economicidade.

Nesse sentido, é a lição do Conselheiro do TCE de Pernambuco, Valdecir Pascoal:

> *"É também plausível, embora incomum, a concessão de cautelar em contratos já em execução. Conquanto o contrato administrativo tenha, em relação ao controle, um regime jurídico diferenciado, instituído pela Lei Maior, medidas cautelares podem ser prolatadas, por exemplo, para determinar a suspensão temporária de reajustes de preços."* (grifo nosso).

Considerados todos esses elementos, e tendo em vista a formulação iminente de um ato jurídico registrado por meio de Termo de Aditamento relacionado ao ajuste econômico-financeiro do contrato (consubstanciado na elaboração de um novo TCA compreendendo o segundo quinquênio da contratação), se mostrou imperiosa a atuação preventiva do Controle Externo para apuração quanto à constatação dos seus elementos.

Ademais, eventual inobservância pela Municipalidade de descumprimentos contratuais pelos concessionários poderia fulminar o ato de ilegalidade, uma vez que caracterizada potencial afronta ao princípio da supremacia do interesse público.

As intervenções da Relatoria levaram em conta apontamentos de diversos descumprimentos em investimentos nos Contratos de Concessão do lixo, que deveriam ser sopesados na revisão quinquenal da tarifa de concessão para fins de reequilíbrio econômico-financeiro, no sentido de reduzir o montante pago à concessionária, vez que estes investimentos serão postergados, diminuindo seu valor presente no fluxo de caixa que resulta o cálculo do reequilíbrio.

Assim, na qualidade de relator da matéria no âmbito do TCMSP, escorado no Poder Geral de Cautela, determinei *a suspensão de formalização* de instrumento jurídico pela Municipalidade que resulte em alteração da tarifa dos contratos de concessão do lixo (procedimento da 2ª Revisão Ordinária da Tarifa) até que haja esclarecimentos se o descumprimento de obrigações contratuais pelas concessionárias está sendo considerado no cálculo de reequilíbrio da Tarifa de Concessão. Referida decisão foi referendada pelo plenário do TCMSP à unanimidade.

Esta decisão representa uma nova forma de atuação dos Tribunais de Contas no exercício do Controle Externo da administração pública, ao entrar na seara da formação de atos administrativos relacionados a contratos administrativos em execução, antes da efetivação de seus efeitos concretos.

Como consequência da decisão proferida pela Corte de Contas, um dos afetados com a consequência fática da suspensão do procedimento ordinário de revisão da tarifa ingressou com ação judicial distribuída para a 5ª Vara da Fazenda Pública do Estado de São Paulo.

O pedido liminar de suspensão dos efeitos da decisão proferida foi indeferido pelo juízo de primeiro grau, sob o enfoque da ausência da tutela de urgência, por não estar vislumbrado o direito perseguido, bem como, ante a competência do TCMSP no que se refere às decisões de suspensão do procedimento de revisão de tarifa.

Destacou o julgador, em sua decisão de indeferimento do pedido liminar, a competência dos Tribunais de Contas e a importância da atuação nessa fase do procedimento, que já havia sido confirmada pela 5ª Câmara de Direito Público do TJSP no julgamento do Agravo de Instrumento, de relatoria do Eminente Desembargador Nogueira Diefenthaler, cujo teor da ementa do Acórdão foi o seguinte:

> *"Voto n. 31734*
> *Autos de processo n. 2002936-71.2017.8.26.0000*
> *Juíza a quo: Carmen Cristina Fernandez Teijeiro e Oliveira*
> *5ª Câmara de Direito Público*
> *AGRAVO DE INSTRUMENTO AÇÃO ORDINÁRIA CONTRATO ADMINISTRATIVO REVISÃO DE TARIFA TUTELA PROVISÓRIA DE URGÊNCIA*

CAPÍTULO IV - A INOVAÇÃO NA PRÁTICA DOS TRIBUNAIS DE CONTAS

1. Recurso de agravo de instrumento interposto em face de decisão que, em ação ordinária, indeferiu pedido de tutela provisória de urgência destinada a: (i) suspender decisões do Tribunal de Contas do Município de São Paulo que sustou a conclusão do procedimento da 2ª Revisão Ordinária da Tarifa do Contrato n. 26/SS0/04, no âmbito do TC n. 72.001.025.16-99 e o pagamento da tarifa adicional provisória válida pela ré AMLURB, no TC n. 72.003.066.16-47; (ii) compelir a ré AMLURB a proferir decisão final nos autos de processo administrativo da 2ª Revisão Ordinária da Tarifa do Contrato n. 26/SS0/04, no prazo máximo de 15 dias corridos, sob pena de multa diária; (iii) determinar que até a implementação da 2ª Revisão Ordinária da Tarifa do Contrato n. 26/SS0/04 a ré AMLURB proceda ao pagamento da tarifa adicional provisória, conforme decisão proferida em processo administrativo.

2. Ausente, sobretudo, o requisito do fumus boni iuris neste momento, de rigor é o indeferimento da liminar. Primazia do interesse público que deve prevalecer na presente esfera de cognição sumária. Decisão atacada que não se apresenta teratológica e nem desprovida de legalidade, pelo contrário, está devidamente fundamentada e pautada no princípio do livre convencimento motivado judicial. Decisão agravada mantida.

Recurso desprovido".

Na mesma linha de entendimento firmado em sede de análise do pedido de suspensão liminar da decisão, a Magistrada da 5ª Vara da Fazenda Pública sentenciou o feito pela improcedência total dos pedidos realizados, confirmando mais uma vez a atuação do TCMSP no controle preventivo por meio do Poder Geral de Cautela.

Em sua sentença, a Magistrada destacou o trabalho realizado pela Corte de Contas e a sua competência constitucional para atuar durante os atos praticados na execução de um contrato administrativo.

Neste ponto, imperioso destacar as argumentações da daquele juízo, como forma de frisar a competência da Corte de Contas e a atuação ativa na fiscalização dos cumprimentos de termos contratuais.

"Com efeito, nele o Relator informa a existência de "histórico de descumprimento de obrigações contratuais de notável relevância" por parte da autora, os quais, à evidência, têm influência direta na equação do equilíbrio econômico financeiro do contrato.

Os questionamentos feitos pelo TCM denotam a relevância e a magnitude dos descumprimentos contratuais, e a necessidade de que se apure com clareza se eles efetivamente estão sendo considerados na análise da AMLURB e da consultoria independente contratada para este fim.

Oportuno frisar que a referida decisão do Tribunal de Contas foi prolatada com conhecimento profundo da atuação da autora, em face dos vários procedimentos de acompanhamento de execução contratual em trâmite por aquela Corte, onde se constataram os descumprimentos respectivos, sendo que dois deles foram juntados aos autos com a primeira emenda à inicial".

A decisão acima foi objeto de Apelação pelo consórcio interessado, tendo a matéria sido objeto de julgamento pela 5ª Câmara de Direito Público do Tribunal de Justiça de São Paulo. Nesta decisão o TJ bandeirante reconheceu a validade da decisão proferida pelo TCMSP, julgando improcedente o recurso interposto e confirmando o Poder Cautelar da Corte de Contas mesmo durante a execução de um contrato já em vigência, conforme trechos do voto condutor do Acórdão:

> Voto n. 34619
>
> Processo: 1056455-47.2016.8.26.0053
>
> (...)
>
> Ora bem, o Tribunal de Contas do Município de São Paulo, ao suspender os processos administrativos TC 72.001.025/16-99e TC 72.003.066/16-47, valeu-se da competência constitucional fiscalizatória no controle dos recursos públicos, o que não equivale em interferência na economia do contrato, ou seja, no procedimento de revisão de tarifa prevista no Contrato de Concessão.
>
> Portanto, insubsistentes os argumentos da apelante no tocante à atuação e intervenção do Tribunal no desate em questão, isso sem embargo auditoria particular que identificou prováveis defasagens, pois, paralelamente ao referido trabalho, descobriu-se sucessão de eventos que registraram descumprimento de obrigações ao longo

CAPÍTULO IV - A INOVAÇÃO NA PRÁTICA DOS TRIBUNAIS DE CONTAS

da execução do objeto do contrato, e esta faina compete ao Tribunal de Contas. É como pontuou o DD. Magistrado: "Com efeito, o artigo 71, da CF, utilizada por analogia no âmbito Estadual e Municipal, dispõe claramente que o ato de sustação do contrato será adotado diretamente pelo Congresso Nacional, presumindo-se, pois, que a suspensão de atos outros, correlatos ao contrato, e que não tenham por objetivo paralisar diretamente a sua execução, não é de competência privativa da Casa Legislativa respectiva, podendo ser determinada, portanto, pelo Tribunal de Contas competente".

(...)

Neste passo, não vicejam os argumentos brandidos pela apelante por força de inobservadas as glosas lavradas pelo TCM, uma vez que esse Sodalício ao utilizar de constitucional atribuição que legitima a cautela consistente na suspensão dos procedimentos administrativos, deu cumprimento ao acompanhamento do contrato adicional validado pela AMLURB. Ao que consta dos autos, configurou-se indispensável *in casu* a suspensão de formalização de instrumento jurídico de alteração de tarifa, dada, diga-se, mediante procedimento fiscalizatório, no qual constam relatórios de inspeção produzidos pelo Tribunal de Contas do Município de São Paulo (processos 72.001.025.16-99, fls. 6369/ 6412) e 72.003.835.07-99 (fls. 6413/ 6454). São a propósito referentes ao Contrato estudados pelo processo n. 26/SSO/2004, cujos auditores apuraram descumprimentos de obrigações contratuais e em atenção ao pedido de observação do reequilíbrio do interesse público tutelado pela Administração Municipal bem como, esclarecimentos no tocante aos critérios e medidas tomadas em razão de infrações contratuais apuradas pelo Tribunal de Contas.

O exemplo acima demonstra que, a depender da natureza e dos reflexos da atividade a ser controlada, cabe às Cortes de Contas diligenciar no sentido de verificar a construção do ato administrativo com fundamento em suas premissas constitucionais – *competência, legalidade, legitimidade, forma e motivação,* seja durante a realização dos procedimentos prévios à sua confecção ou, como no caso narrado nesta seção, durante a execução de um contrato administrativo.

O foco da ação preventiva deve estar na fiscalização dos gastos públicos de forma concomitante à sua incidência, podendo os Tribunais de Contas, em certas circunstâncias – a fim de preservar o interesse público – exercerem o controle durante a formação do ato administrativo e na fiscalização da execução de contratos públicos, agindo pari-passu ao Administrador Público, e de forma efetiva nos limites de suas atribuições constitucionais.

Para tanto deverá se valer do Poder Geral de Cautela garantido, ainda que implicitamente, pela Constituição Federal. E, uma vez evidenciado qualquer elemento capaz de viciar sua estrutura, agir no sentido de impedir o mau uso dos recursos públicos – de forma a amortizar os prejuízos que seriam experimentados pela sociedade.

4.3.2 Atuação do TCMSP na licitação da varrição (indivisíveis de limpeza pública) no município de São Paulo

Para a realização das atividades de limpeza urbana o município de São Paulo celebra contratos administrativos de serviços divisíveis e indivisíveis de limpeza pública firmados com empresas privadas.

Dentre esses contratos está o de varrição das vias e lavagem de áreas públicas, que absorve uma parte cada vez maior do orçamento do município.

Na cidade de São Paulo os serviços de varrição e outros serviços complementares se estendem por mais de 16.000 km de vias, compreendendo cerca de 51.000 logradouros, 21 túneis e passagens subterrâneas, 440 monumentos públicos, 450.000 bueiros e bocas de lobo, além de aproximadamente 878 feiras-livres.

Até 2011, esses serviços eram realizados por meio dos contratos resultantes da Concorrência n. 01/SES/05, que dividiu a cidade em cinco agrupamentos, cada um com um contrato respectivo. Com o fim desses contratos, no ano de 2011 o município realizou nova licitação (Concorrência Pública n. 07/SES/2011), com alteração da modelagem dos serviços, bem como modificação na quantidade de agrupamentos em que a cidade seria dividida, passando agora para apenas dois lotes.

CAPÍTULO IV - A INOVAÇÃO NA PRÁTICA DOS TRIBUNAIS DE CONTAS

Estudo da área de Auditoria do TCMSP, comparando esses dois modelos de contratação, comprovaram que o regime de divisão do objeto em apenas dois lotes revelou-se antieconômico – os valores pagos por quilo de resíduo sólido coletado, em alguns casos, foram 82% mais caros em relação ao modelo de divisão da cidade em mais agrupamentos.

Ao mesmo tempo, a modelagem com apenas 2 lotes não trouxe ganhos de eficiência ao serviço de varrição, uma vez que as diversas fiscalizações realizadas pela Corte de Contas paulista e também pela Controladoria Geral do Município comprovaram a baixa qualidade dos serviços prestados, verificando-se falhas como: ausência de realização completa e satisfatória de limpeza de áreas vistoriadas, falta de recolhimento de detritos no tempo adequado, quantidade deficiente e falha na manutenção de lixeiras, bem como existência de descarte irregular de resíduos clandestinos em pontos viciados.

O que se constatou é que dentre as causas principais para as inúmeras falhas detectadas estavam: a baixa competitividade do procedimento licitatório; a incorreta modelagem contratual e a insuficiente fiscalização da execução contratual pela Administração.

Tais questões continuavam sem o devido tratamento na minuta do Edital apresentado pela Prefeitura de São Paulo para a nova contratação dos serviços de varrição, publicada por ocasião de Audiência Pública veiculada com a finalidade de tornar pública a intenção realizar nova contratação dos serviços de varrição pública na cidade.

A audiência pública, nos termos do art. 39 da Lei n. 8.666/93, é procedimento inicial obrigatório para as licitações de maior vulto (de valor superior a R$ 150 milhões). É por intermédio desse instrumento que o legislador vislumbrou para as licitações de maior relevância a possibilidade de que os potenciais interessados com a contratação formulem questionamentos a fim de possibilitar o aprimoramento e a compreensão do objeto a ser licitado com oferecimento de sugestões e críticas à licitação a ser realizada.[110]

---

[110] BRASIL. Tribunal de Contas da União. *Licitações e contratos*: orientações e jurisprudência do TCU. 4ª ed. Brasília: TCU, Secretaria-Geral da Presidência: Senado Federal, Secretaria Especial de Editoração e Publicações, 2010, p. 146.

JOÃO ANTONIO DA SILVA FILHO

Marçal Justen Filho registra o seguinte:

"A audiência pública permitirá a qualquer "interessado" formular indagações e pleitear esclarecimentos, os quais deverão ser prestados de modo motivado. Mesmo os aspectos discricionários da atividade administrativa poderão ser objeto de esclarecimentos."[111]

As opções tornadas públicas pela Administração Municipal na minuta do edital de licitação divulgada na audiência pública indicavam a manutenção de fatores que ensejaram vícios no procedimento licitatório e na execução dos contratos anteriores, constatados em diversos procedimentos de auditoria realizados tanto pelo Tribunal de Contas quanto pela Controladoria Geral do Município de São Paulo, ensejou a atuação preventiva do TCMSP já na fase preparatória da licitação, visto que a projeção de procedimento licitatório pautado em possível premissa equivocada poderia trazer prejuízos à cidade, uma vez que o formato de licitação proposto na minuta do edital indicava a continuidade de empresas que operavam o sistema, tendo em vista (i) a grande dimensão dos lotes licitados e (ii) a alta proporção de execução anterior do serviço necessária para a obtenção da habilitação técnica no processo licitatório.

O processo licitatório, como amplamente reconhecido, é dividido em duas fases distintas, porém, naturalmente interligadas, cuja consequência da primeira importará no resultado da segunda.

A primeira fase, conhecida como fase interna da Licitação, por praxe procedimental, não costuma ser objeto prévio de análise por parte do Controle Externo. Todavia, a publicação de um Edital, naturalmente, enseja a projeção da disputa e a necessidade de preparo por parte da Administração Pública e dos particulares interessados na competição. Desse modo, pode-se concluir que tanto a administração como particulares interessados em participar do processo licitatório sofrem prejuízos financeiros e temporais, quando um processo é paralisado durante a disputa.

---

[111] JUSTEIN FILHO, Marçal. *Comentários à lei de licitações e contratos administrativos.* 13ª ed. São Paulo, Dialética, 2009, p. 829.

CAPÍTULO IV - A INOVAÇÃO NA PRÁTICA DOS TRIBUNAIS DE CONTAS

Em alguns casos, mostra-se relevante a atuação do Controle Externo na fase preparatória do certame, visto que a projeção de procedimento licitatório pautado em possível premissa equivocada – além dos prejuízos indicados – pode ensejar maior tempo de ajuste e consequente contratação em caráter emergencial, em especial quando a natureza da contratação envolver serviço público que não pode sofrer solução de continuidade.

Desta maneira, como parte integrante do procedimento licitatório, a fase interna de licitação ganha uma projeção importante quando a Administração Pública revela não apenas o objeto, mas o modelo de licitação e a forma de contratação.

Ainda que se reconheça que os atos relacionados à fase interna da licitação, em relação ao controle exercido pelos Tribunais de Contas, tenham natureza diferenciada, certo é que uma vez constatada a plausibilidade, ainda que em tese, da existência de iminente situação apta a conduzir a um prejuízo aos cofres públicos, o controle externo, ancorado no Poder Geral de Cautela, tem o dever de atuar para, preventivamente, evitar a ocorrência de lesão ao erário, assegurando a preservação do interesse público, considerando para tanto aspectos relacionados aos princípios da legalidade, legitimidade e economicidade.

No caso concreto narrado neste item, no ato da Audiência Pública de preparação do certame, a Administração Pública explicitou uma modalidade de licitação, fixou o objeto e apresentou um modelo de divisão da cidade em dois lotes. Outros modelos foram de pronto excluídos.

Foram esses os elementos suficientes para provocar a análise prévia por parte do Controle Externo e, uma vez evidenciado nesses mesmos elementos o potencial apto a ensejar prejuízo ao erário, não existia porque esperar a publicação do edital, que marcaria o início da fase externa da licitação, e com isso agravaria uma situação que poderia ser resolvida *ab initio*, ou seja, em seu nascedouro.

Assim, por meio de sua atuação preventiva, ainda na fase interna da licitação, o TCMSP exigiu adequações no modelo licitatório utilizado,

JOÃO ANTONIO DA SILVA FILHO

sobretudo quanto ao número de agrupamentos previstos e em relação ao modelo de fiscalização adotado.

Ao invés de apenas dois lotes, a Corte de Contas indicou a divisão em pelo menos cinco agrupamentos, de forma a favorecer a competitividade da licitação, possibilitando a participação de mais interessados, uma vez que as exigências de qualificação técnica (quantidade de quilômetros varridos) no modelo de apenas dois lotes inviabilizavam a participação de empresas que não tivessem prestado esse tipo de serviço em megalópoles.

Quanto à fiscalização, foram feitas diversas determinações e recomendações para o aprimoramento das atividades de controle dos serviços de varrição na cidade, a exemplo das seguintes: elaboração de plano detalhado de fiscalização, a fim de permitir o cumprimento da contratação na sua integralidade; desenvolvimento de mecanismos de tecnologia da informação que permitissem sistematizar os dados acerca da execução contratual e subsidiar os relatórios mensais de medição usados para liquidar a realização dos serviços e o consequente pagamento; a atestação dos serviços prestados pelas empresas por, no mínimo, 2 (dois) fiscais servidores públicos, com a subscrição do respectivo Subprefeito e indicação de responsabilização pessoal de cada um dos subscritores, além da realização de rodízio periódico (a cada 3 meses) dos fiscais indicados pela Administração para o exercício da referida tarefa em cada Subprefeitura, e desenvolvimento de aplicativo que centralizasse as informações, disponível para smartphones e tablets, que propiciasse a interatividade entre o usuário e Administração Pública, e que possibilitasse a comunicação de falhas ou irregularidades nos serviços prestados e nos atendimentos de ocorrências, com tecnologia nos moldes dos aplicativos de georreferenciamento.

As adequações no Edital de Licitação determinadas pelo TCMSP, que foram todas atendidas pela Administração municipal, redundaram na participação de 14 empresas no processo licitatório, propiciando ampla competitividade e, como consequência, expressiva diminuição nos custos da contratação.

Como resultado do processo licitatório, o valor total mensal para os 06 (seis) lotes foi de R$ 65.403.071, 55 (sessenta e cinco milhões, quatrocentos e três mil e setenta e um reais e quarenta e sete centavos),

132

CAPÍTULO IV - A INOVAÇÃO NA PRÁTICA DOS TRIBUNAIS DE CONTAS

perfazendo um total global de R$ 2.354.510.575,82 (dois bilhões, trezentos e cinquenta e quatro milhões e quinhentos e dez mil e quinhentos e setenta e cinco reais e cinquenta e dois centavos), para o período de vigência contratual (36 meses), o que representa uma economia de R$ 559.860.332,21 (quinhentos e cinquenta e nove milhões, oitocentos e sessenta mil, trezentos e trinta e dois reais e vinte e um centavos), levando-se em consideração o valor referencial da licitação.[112]

Os resultados desta licitação indicam a redução de 20% do preço dos serviços em relação ao que vinha sendo pago às empresas responsáveis pela varrição nos contratos emergenciais então vigentes, representando uma economia de mais de R$ 130 milhões por ano aos cofres públicos municipais.

Esses números, acrescidos da implementação de novos mecanismos de fiscalização que propiciarão um controle mais efetivo dos serviços, demonstram a importância do TCMSP para a cidade de São Paulo, o qual cada vez mais tem procurado atuar como parceiro da Prefeitura na busca pela execução dos gastos públicos com qualidade e eficiência, reforçando o caráter menos repressivo e mais preventivo de sua atuação.

Essa forma de atuar, inclusive, é a tendência contemporânea dos Tribunais de Contas no mundo, com a afirmação do enfoque proativo de suas competências, ou seja, chegar antes que o dinheiro público seja desperdiçado, atuando como parceiro dos poderes executivos na busca constante pela correta e eficiente aplicação dos recursos públicos.

4.4 Termos de Ajustamento de Gestão e Mesas Técnicas: o controle agindo de forma dialógica na busca da consensualidade

Tem ganhado relevância na atuação dos Tribunais de Contas a celebração dos denominados "Termos de Ajustamento de Gestão" – TAG, que nada mais são do que instrumentos de controle consensual,

---

[112] Dados obtidos pela Secretaria de Fiscalização e Controle do TCMSP.

celebrados entre o ente controlador e a entidade controlada, com a finalidade de afastar a aplicação de penalidades ou sanções, por meio do compromisso da adequação de atos e procedimentos do órgão ou entidade controlada aos padrões de regularidade.

Hoje é amplamente reconhecido às Cortes de Contas o poder para proferir decisões e tomar medidas que tornem efetiva sua competência de controlar a administração pública nas suas mais diversas esferas, encontrando fundamento nessa premissa a formulação de Termos de Ajuste de Gestão, ainda que não haja previsão expressa na Lei Orgânica respectiva.

Mas não é só. O art. 71, inc. XI da CF, acrescido das disposições contidas no art. 59, § 1º da Lei de Responsabilidade Fiscal (LC 101/00), no art. 5º, § 6º da Lei da Ação Civil Pública (Lei n. 7347/85) e, em especial, o art. 26 da LINDB, recentemente incluído pela lei n. 13.655/18, autorizam a utilização do Termo de Ajuste de Gestão pelas Cortes de Contas, independente de previsão nas respectivas leis orgânicas ou até mesmo de previsão regimental, bastando, a nosso ver, Resolução Interna do próprio órgão.

Cabe destacar a previsão contida no referido art. 26, *caput* e § 1º, inciso I, da LINDB, que reforça a consensualidade ao dispor o seguinte:

> Art. 26. Para eliminar irregularidade, incerteza jurídica ou situação contenciosa na aplicação do direito público, inclusive no caso de expedição de licença, a autoridade administrativa poderá, após oitiva do órgão jurídico e, quando for o caso, após realização de consulta pública, e presentes razões de relevante interesse geral, celebrar compromisso com os interessados, observada a legislação aplicável, o qual só produzirá efeitos a partir de sua publicação oficial. (Incluído pela Lei n. 13.655, de 2018)
>
> § 1º O compromisso referido no *caput* deste artigo: (Incluído pela Lei n. 13.655, de 2018)
>
> I – buscará solução jurídica proporcional, equânime, eficiente e compatível com os interesses gerais; (Incluído pela Lei n. 13.655, de 2018)

CAPÍTULO IV - A INOVAÇÃO NA PRÁTICA DOS TRIBUNAIS DE CONTAS

Nesse mesmo sentido, a resolução consensual dos conflitos é diretriz bastante reforçada no Novo Código de Processo Civil, que determina expressamente, em seu art. 3º, § 2º que "O Estado promoverá, sempre que possível, a solução consensual dos conflitos."

Diversos Tribunais de Contas já possuem previsão expressa nas respectivas leis orgânicas sobre a formulação de Termo de Ajuste de Gestão. A título de exemplo podemos citar os Tribunais de Contas dos Estados de Minas Gerais, Goiás, Sergipe, Mato Grosso e Amazonas.

No âmbito do TCMSP, recentes resoluções que trataram sobre auditorias organizacionais e auditorias transversais previram a celebração de TAG – em especial para formalização de planos de ação, a partir dos achados e das eventuais inconformidades/irregularidades verificadas nesses tipos de fiscalização.

Outra ferramenta que tem sido desenvolvida no âmbito da Corte de Contas paulistana são as denominadas "Mesas Técnicas".

A concepção desse mecanismo é fazer com que as áreas técnicas da Auditoria do Tribunal, responsáveis pela realização das fiscalizações, nas matérias de maior relevância e nos temas mais sensíveis à sociedade, com a mediação do Conselheiro Relator, reúnam-se com os dirigentes e o corpo técnico da unidade auditada para fins de buscarem conjuntamente soluções para as falhas detectadas, alinhando-se à moderna tendência de buscar na consensualidade e na colaboração as soluções que melhor atendam ao interesse público.

A função precípua das Mesas Técnicas é fazer com que o Controle Externo chegue antes do desperdício dos recursos públicos e, ao mesmo tempo, atue como avalista de políticas públicas qualificadas. Por meio das Mesas Técnicas é possível superar entraves burocráticos, dando maior celeridade a matérias mais relevantes do ponto de vista do interesse público.

4.5 A individualização da conduta daqueles que contribuíram para a prática do ato administrativo

Antes da conclusão desta obra, quero abordar um tema que, apesar de não versar diretamente sobre as medidas inovadoras aqui propostas, guarda relação com o enfoque processual referente à aplicação de sanções aos agentes públicos, e à relação hierárquica com aqueles que, em tese, dominam os fatos no respectivo órgão ou entidade da administração.

Trata-se da necessidade de individualização da conduta de todos aqueles que contribuíram para a prática do ato objeto da análise do Controle Externo.

O artigo 5º, inciso XLV da Constituição da República estabelece, em sua primeira parte, que nenhuma pena passará da pessoa do condenado, dispondo assim a necessidade de que os processos sancionatórios destaquem a conduta imputada a cada um dos envolvidos.

Em um paralelo com o Direito Penal e Processual Penal, o órgão controlador (interno ou externo) deve sopesar os fatos que geraram a tipicidade da conduta irregular ou ilegal e, ao aplicar eventual penalidade, considerar as situações fáticas, como a praxe administrativa, a participação direta do apenado e a medida de sua influência na tomada de decisão.

O aspecto prático desta determinação consiste em que os órgãos de controle deverão aprofundar a instrução processual para a identificação de todos os agentes públicos que trabalharam na confecção do ato, contrato, ajuste, processo ou norma, para possibilitar-lhes amplo contraditório e, com isso, poder determinar a real participação e responsabilidade de cada um.

Quanto aos processos disciplinares, não existe discussão em relação à paridade dos apontamentos entre as competências desenvolvidas pelo agente e sua correlação com as faltas que lhe são impingidas.

Denota-se que as Normas do Controle Interno do Setor Público da Organização Internacional de Entidades Fiscalizadoras Superiores – INTOSAI apontam a necessidade de segregação de funções como meio apto para reduzir o risco de erro, desperdício ou procedimentos incorretos e o risco de não detectar tais problemas.

A norma internacional de auditorias, ao descrever a necessidade de segregação de funções, acaba também por enumerar qual a competência de cada um desses agentes.

CAPÍTULO IV - A INOVAÇÃO NA PRÁTICA DOS TRIBUNAIS DE CONTAS

> "(...) não deve haver apenas uma pessoa ou equipe que controle todas as etapas-chave de uma transação ou evento [ou processo de execução das despesas públicas]. As obrigações e responsabilidades devem estar sistematicamente atribuídas a um certo número de indivíduos, para assegurar a realização de revisões e avaliações efetivas. (...)"[113]

Imperioso reconhecer que a fragmentação no desempenho das atividades administrativas importa a necessidade de descrever como cada um dos agentes contribuiu para o desenvolvimento da ação, com a finalidade de assim ponderar quanto à sua penalização.

Por exemplo, imaginemos um processo de contratação pública mediante licitação.

As fases são divididas em interna e externa. Na fase interna é apurado que a pesquisa de preços foi o condutor para uma contratação em valor acima dos preços de mercado, porém, não suficientemente excessivo para figurar como erro crasso diante do objeto analisado.

Denota-se que o agente encarregado de fazer a pesquisa de preço possui, por prerrogativas de seu cargo, a presunção de legalidade e legitimidade dos atos praticados. Ou seja, possui uma presunção relativa de que as informações lançadas no processo administrativo são verdadeiras.

Essa presunção de veracidade dos atos praticados pelos agentes subalternos, em meu entendimento, não atrai, como regra, a responsabilidade do superior hierárquico ou do ordenador de despesas de forma imediata.

A responsabilidade na linha sucessora por atos praticados por inferiores hierárquicos deve ser ponderada com a realidade vivida pelo gestor público (art. 22 da LINDB).

Em uma cidade como São Paulo, cuja prática contratual ultrapassa os três dígitos semanais, impossível atribuir responsabilidade a um

---

[113] Organização Internacional de Entidades Fiscalizadoras Superiores (INTOSAI). Diretrizes para as normas de controle interno do setor público.

ordenador de despesas pelo simples ato de concordar com o teor de uma manifestação apresentada por um funcionário.

Discordo do posicionamento de que o ordenador de despesas seria responsável com base na *culpa in elegendo* ou *culpa in vigilando* oriundas do Direito Civil. Conferir essa responsabilidade ao gestor seria o mesmo que transferir para análise das Cortes de Contas a rechaçada responsabilidade objetiva sobre as pessoas físicas.

Entendo que responsabilidade do superior hierárquico, ao receber um ato oriundo de um agente público subordinado hierarquicamente, apenas tem cabimento em caso de erro grave e grosseiro, ou cuja contratação/despesa importe em valores excessivos.

Outro exemplo corrente é a imputação de responsabilidade a superiores hierárquicos por atos oriundos de medição de serviços praticados por agentes públicos qualificados para a função. Denota-se que esses atos são praticados, em grande parte, por agentes devidamente especializados, como engenheiros concursados e outros profissionais que, por suas qualificações técnicas, são dotados de *expertise*, tendo por atribuição atestar a regularidade de medições e outros atos na fase de execução contratual. Imputar ao superior hierárquico uma responsabilidade equivalente sem levar em consideração todas as atribuições específicas praticadas por servidores especializados não me parece razoável.

A imposição de responsabilidade objetiva ao ordenador de despesa seria equiparar a sua conduta àquelas impingidas ao sujeito oculto do crime, tese essa mal defendida por alguns na chamada Teoria do Domínio do Fato.[114]

Em alguns casos concretos que me deparei no exercício das competências como Conselheiro do Tribunal de Contas do Município de São Paulo[115], entendi que o ordenador de despesa, diante das

---

[114] Tese que desenvolvi em minha obra: *O sujeito oculto do crime*: considerações sobre a teoria do domínio do fato. 2ª ed. São Paulo: Verbatim, 2018.

[115] Cite-se como exemplo TCs ns. 360/13 e 3.417/13.

CAPÍTULO IV - A INOVAÇÃO NA PRÁTICA DOS TRIBUNAIS DE CONTAS

circunstâncias fáticas evidenciadas, não poderia responder por atos praticados por outros agentes públicos durante o processo de contratação. Amparado no artigo 22 da LINDB, destaquei que o ordenador de despesa, ao receber uma análise de fiscalização, salvo situações descritas anteriormente, não teria como identificar irregularidades, sobretudo porque o laudo de vistoria assinado por um fiscal possui presunção de legitimidade e legalidade.

Naturalmente todos os atos devem ser analisados em concreto durante uma instrução processual, todavia, como a peça inaugural de processo administrativo perante a Corte de Contas parte muitas vezes de uma análise preliminar realizada pelos órgãos de apoio, como as auditorias, torna-se imperioso – já a partir do primeiro momento – a indicação da individualização da conduta de cada um dos agentes públicos envolvidos.

Importante ressaltar que todos aqueles que administram bens públicos têm o dever de prestar contas, o que importa naturalmente uma dada inversão do ônus da prova.

Com a finalidade de mitigar eventuais percalços atinentes à atividade gestora, principalmente pelas pessoas físicas dos ordenadores de despesas, adotamos no Tribunal de Contas do Município de São Paulo, por meio da Resolução n. 18/2019, novos ritos processuais, que permitem ao gestor indicar os responsáveis em sua primeira manifestação nos autos.

Quanto às atividades inerentes aos ordenadores de despesa, não se discute a responsabilidade por suas ações típicas, principalmente quanto aos processos de contas (contas anuais e tomadas de contas).

CONCLUSÃO

Ao abrir o primeiro capítulo desta obra, fiz questão de destacar uma elaboração filosófica sobre as diferenças inerentes ao convívio humano, a democracia como instrumento de composição das diversidades sociais e, por consequência, da necessária legitimidade política do poder constituído, nas dimensões sociológica e jurídica. Isso requer de todos os órgãos de Estado, destacadamente dos órgãos de controle, uma fina sintonia com os propósitos de uma democracia.

Portanto, estamos debatendo o futuro dos Tribunais de Contas a partir de uma premissa inegociável, a intransigente defesa do Estado Democrático de Direito centrado em três pilares fundamentais: I) a legitimidade do poder político centrada no sufrágio universal e na democracia participativa, entendendo-a como toda forma controle social institucionalizado; II) respeito ao pacto constitucional nas suas dimensões político-jurídica como mecanismo de sedimentação do tecido social e III) fortalecimento das instituições de Estado como instrumento de freios e contrapesos, sempre com a visão de proteger a sociedade. É neste contexto que estão inseridos os Tribunais de Contas.

A busca pela consolidação de um Controle Externo que supere o tradicional controle de conformidade, de natureza posterior e centrado, muitas vezes, em aspectos meramente formais e burocráticos, tem levado as Cortes de Contas a desenvolver modernos mecanismos de fiscalização, que deixam para trás a lógica da fiscalização voltada apenas para a detecção de falhas e aplicação de sanções.

O desafio aqui, como já amplamente expresso ao longo desta obra, é a criação de instrumentos que propiciem que a atuação das Cortes de Contas seja mais voltada à prevenção, fazendo com que o Controle Externo atue também como um parceiro da Administração na busca das melhores soluções para a população.

A ideia que norteia esse instrumento é a utilização, pelos Tribunais de Contas, de mecanismos alternativos de controle, "baseados na consensualidade, ao invés de na imperatividade".[116]

A noção de consensualidade tem matriz constitucional. O preâmbulo da Constituição de 1988 afirma que o Estado Brasileiro tem por fundamento a harmonia social e está comprometido, na ordem interna e internacional, com a solução pacífica das controvérsias. Do mesmo modo o artigo 4, inc. VII, determina que, nas relações internacionais, o Estado brasileiro é regido, dentre outros princípios, pela solução pacífica dos conflitos.

A ideia de um controle consensual, que poderá ser conceituado também sob uma ótica colaborativa no sentido de buscar concretizar os fins do Estado, encontra fundamento nos mecanismos de controle e fiscalização da administração que deixem de ser vistos numa ótica unicamente sancionatória, agregando dispositivos de solução negociada de controvérsias, como bem acentua Luciano Ferraz:

> Com efeito, a concepção da atividade de controle exclusivamente como controle sanção pertence ao tempo em que tanto a atividade de administração pública quanto o ordenamento jurídico buscavam sua essência no Positivismo: a administração seria eficiente e otimizada se cumprisse fidedignamente os procedimentos traçados pelos regulamentos organizacionais (Escola da Administração Científica), e o Direito restaria respeitado à medida que o administrador cumprisse à risca os artigos de lei – abstrata e genérica – predispostos pelo legislador (princípio da legalidade estrita).

---

[116] FERRAZ, Luciano. *Termos de Ajustamento de Gestão (TAG)*: do sonho à realidade. Revista Brasileira de Direito Público RBDP, Belo Horizonte, ano 8, n. 31, out./dez. 2010.

CONCLUSÃO

> Na lógica do controle sanção não há meio termo: ou a conduta do controlado é conforme as regras e procedimentos ou não é. Neste último caso, deve-se penalizar o sujeito, independentemente das circunstâncias práticas por ele vivenciadas na ocasião e das consequências futuras, às vezes negativas para o próprio funcionamento da máquina administrativa e quiçá à perspectiva de justiça inerente ao Direito na modernidade.
>
> Necessário perceber se em dias atuais a aproximação, cada vez mais premente, entre fatos (condições de atuação) e normas prima facie (no âmbito do Direito) e entre procedimentos e demandas sociais (no âmbito da administração pública). É nesse cenário que restou concebida a ideia de produção de instrumentos consensuais de controle, com o objetivo deliberado de substituir parcialmente o controle sanção pelo controle-consenso; o controle repressão pelo controle impulso.[117]

A proteção do interesse público muitas vezes demanda que se leve em consideração as diversas variáveis subjacentes ao exame da regularidade de atos administrativos, sobretudo em realidades complexas como aquelas que se deparam os órgãos de controle ao analisarem contratações públicas de vulto, por exemplo.

Essa preocupação está, inclusive, contemplada expressamente no ordenamento jurídico, a partir da recente edição da Lei 13.655/2018, que alterou a Lei de Introdução às Normas do Direito Brasileiro – LINDB.

Referido normativo dispõe que na interpretação de normas sobre gestão pública, devem ser considerados os obstáculos e as dificuldades reais do gestor e as exigências das políticas públicas a seu cargo, sem prejuízo dos direitos dos administrados (art. 22 da LINDB).

E não é só. A Lei 13.655/2018 estabeleceu também que as decisões que avaliam a regularidade de conduta ou a validade de ato, contrato,

---

[117] FERRAZ, Luciano. *Termos de Ajustamento de Gestão (TAG)*: do sonho à realidade. Revista Brasileira de Direito Público RBDP. Belo Horizonte, ano 8, n. 31, out./dez. 2010.

ajuste, processo ou norma administrativa, devem considerar as circunstâncias práticas que impuseram, limitaram ou condicionaram a ação do agente.

A ideia aqui é que as Cortes de Contas cheguem antes do desperdício do dinheiro público, o que implica no fortalecimento do controle preventivo e concomitante.

Como bem tem expressado figurativamente o Conselheiro do Tribunal de Contas do Estado de Minas Gerais, Sebastião Helvécio, é necessário que os Tribunais de Contas superem a fase de "Cão de Guarda" ou até mesmo de "Cão de Caça", transformando-se em "Cães-Guias" da Administração.[118] Isto quer dizer que a função principal dos Tribunais de Contas é a de colaboração, no sentido de que, mantendo sua independência, funcionem como avalistas de políticas públicas eficientes, impedindo que a rotatividade do Poder, próprio da Democracia Liberal, provoque a descontinuidade administrativa.

A adoção pelos Tribunais de Contas de inovações tais como Auditoras operacionais e transversais; atuação por meio de decisões cautelares; as Mesas Técnicas e a celebração de Termos de Ajustamento de Gestão, somados às medidas para o fortalecimento da transparência da gestão dos tribunais e da administração pública em sua inteireza, insere-se na ideia de que a ação das Cortes de Contas, para além da referida consensualidade, está centrada na priorização do controle preventivo e concomitante, em contraponto ao controle-sanção.

O objetivo é contribuir com os gestores públicos, oferecendo-lhes indicadores que possam orientar metas e planos de ação para a melhoria do desempenho e da eficiência de políticas públicas das entidades e órgãos da administração.

Assim, a atuação dos Tribunais de Contas deve ter como premissa a efetividade das políticas públicas, buscando valorizar, em primeiro lugar, os resultados alcançados, sopesando, para efeito de seus pareceres

---

[118] CASTRO, Sebastião Helvecio. Palestra proferida por ocasião da Reunião do Colégio de Presidentes dos Tribunais de Contas. São Paulo, setembro de 2019.

CONCLUSÃO

e julgamentos, as circunstâncias fáticas e as reais dificuldades enfrentadas pelo gestor que, muitas vezes, limitam e condicionam a sua atuação.

Este é o tipo de controle que se espera num Estado Democrático de Direito. Um controle onde a formalidade jurídica esteja a serviço do bem maior que norteia um Estado com estas características: a Supremacia do Interesse Público.

REFERÊNCIAS BIBLIOGRÁFICAS

AGUIAR, Simone Coêlho. *Origem e Evolução dos Tribunais de Contas*. Disponível em: http://www.publicadireito.com.br/artigos/?cod=d90d801833a681b1. Acesso em 20 de julho de 2019.

BALEEIRO, Aliomar. *Constituições Brasileiras*: 1891. Brasília: Senado Federal, 1999.

BALEEIRO, Aliomar; BARBOSA Lima Sobrinho. *Constituições Brasileiras*: 1946. Brasília: Senado Federal. *Coordenação de Edições Técnicas*, 2015.

BANDEIRA DE MELLO, Celso Antônio. *Curso de direito administrativo*. 33ª ed. São Paulo: Malheiros, 2016.

_____. *Funções do Tribunal de Contas*. Revista de Direito Público, São Paulo: n. 72, out./dez. 1984.

BARBOSA, Rui. *Comentários à Constituição Federal Brasileira* (1891). São Paulo: Saraiva, 1934.

_____. *Exposição de Motivos de Rui Barbosa Sobre a Criação do TCU*. Revista do Tribunal de Contas da União, vol.1, n.1 Brasília: TCU, 1970.

BOBBIO, Norberto. *Estado, Governo e Sociedade*: para uma Teoria Geral da Política. Estado, governo, sociedade. São Paulo: Paz e Terra, 1999.

_____. *Teoria Geral da Política. A Filosofia Política e as Lições dos Clássicos*. Rio de Janeiro: Elsevier, 2000.

REFERÊNCIAS BIBLIOGRÁFICAS

_____; MATTEUCCI, Nicola; PASQUINO, Gianfranco. *Dicionário de política*. 13ª ed., vol. 2.Trad. Carmen C. Varriale et al. Brasília: Universidade de Brasília, 2009.

_____. *O futuro da democracia*. 11ª ed. São Paulo: Paz e Terra, 2013.

BONAVIDES, Paulo. *Curso de direito constitucional.* 17ª ed. São Paulo: Malheiros, 2005.

_____. *Ciência política.* São Paulo: Forense, 2014.

_____. *Teoria Geral do Estado.* 9ª ed., São Paulo: Malheiros, 2012.

BRASIL. Tribunal de Contas da União. *Licitações e contratos*: orientações e jurisprudência do TCU. 4ª ed. Brasília : TCU, Secretaria-Geral da Presidência: Senado Federal, Secretaria Especial de Editoração e Publicações, 2010.

BRASIL. Tribunal de Contas da União. *Manual de Auditoria Operacional TCU.* 3ª ed. – Brasília : TCU, Secretaria de Fiscalização e Avaliação de Programas de Governo (Seprog), 2010.

BRASIL. Tribunal de Contas da União. Relatório Trimestral de Atividades do TCU – 1º Trimestre 2019. Disponível em https://portal.tcu.gov.br/transparencia/relatorios/relatorios-de-atividades/relatorios-de-atividades.htm. Acesso em 08 ago 2019.

BRITTO, Carlos Augusto Ayres. *Tribunal de Contas*: instituição pública de berço constitucional. Revista Técnica dos Tribunais de Contas – RTTC, Belo Horizonte, ano 2, n. 1, p. 1325, set. 2011.

_____, Carlos Augusto Ayres. Revista Diálogo Jurídico, vol. 1, n. 9, dezembro de 2001.

BUGARIN, Bento José. *Controle das finanças públicas – uma visão geral.* Revista do Tribunal de Contas da União, vol. 25. p. 12.

BUZAID, A. *O Tribunal de Contas do Brasil.* Revista da Faculdade de Direito, Universidade de São Paulo, vol. 62, n. 2, p. 37-62, 29 dez. 1966, p. 40-41.

CARVALHO FILHO, José dos Santos. *Manual de Direito Administrativo.* Rio de Janeiro: Lumen Juris, 2011.

REFERÊNCIAS BIBLIOGRÁFICAS

CASTRO, Domingos Poubel de. *Auditoria, Contabilidade e Controle Interno no Setor Público*. São Paulo: Atlas, 7ª ed., 2018.

CASTRO, Sebastião Helvecio. Palestra proferida por ocasião da Reunião do Colégio de Presidentes dos Tribunais de Contas. Setembro/2019.

COSTA, Luiz Bernardo Dias Costa. *Tribunal de Contas*: evolução e principais atribuições no Estado Democrático de Direito. Belo Horizonte: Editora Fórum, 2006.

DAL POZZO, Gabriela Tomaselli Bresser Pereira. *As Funções do Tribunal de Contas e o Estado de Direito*. Belo Horizonte: Fórum, 2010.

DANTAS, Bruno e DIAS, Frederico. A evolução do controle externo e o Tribunal de Contas da União nos 30 anos da Constituição Federal de 1988. *In*: *30 Anos da constituição brasileira*: democracia, direitos fundamentais e instituições. Organização: José Antonio Dias Toffoli. Rio de Janeiro: Forense, 2018.

Declaração Universal dos Direitos do Homem e do Cidadão de 1789. Disponível em http://www.direitoshumanos.usp.br/index.php/Documentos-anteriores-%C3%A0-cria%C3%A7%C3%A3o-da-Sociedade-das-Na%C3%A7%C3%B5es-at%C3%A9-1919/declaracao-de-direitos-do-homem-e-do-cidadao-1789.html. Acesso em 08 ago 2019.

DECOMAIN, Pedro Roberto. *Tribunais de Contas no Brasil*, editora Dialética, 2006.

DI PIETRO, Maria Sylvia Zanella. *Curso de Direito Administrativo*. 27ª ed. São Paulo: Atlas, 2014.

FAGUNDES, Seabra. *O controle dos Atos Administrativos*. 4ª ed. Rio de Janeiro: Forense, 1967.

FERNADES, Jorge Ulisses Jacoby. *Tribunais de Contas do Brasil*: jurisdição e competência. Belo Horizonte: Fórum, 2016.

FERRAZ, Luciano. *Termos de Ajustamento de Gestão (TAG)*: do sonho à realidade. Revista Brasileira de Direito Público RBDP. Belo Horizonte, ano 8, n. 31, out./dez. 2010. Disponível em: Acesso em: 12 set. 2019.

GIACOMONI, James. *Orçamento público*. 16ª ed. São Paulo: Atlas, 2016.

REFERÊNCIAS BIBLIOGRÁFICAS

GUERRA, Evandro Martins. *Controle sistêmico*: a interação entre os controles interno, externo e social. Fórum de Contratação e Gestão Pública FCGP, Belo Horizonte, ano 7, n. 82, out. 2008.

JACOBY FERNANDES, J. U. *Tribunais de Contas do Brasil*: jurisdição e competência. 4ª ed. Belo Horizonte: Fórum, 2016.

JORDÃO, Eduardo. *A intervenção do TCU sobre editais de concessão não publicados* – controlador ou administrador? *Revista Brasileira de Direito Público da Economia – RDPE*. Belo Horizonte, ano 12, n. 47, p. 209-230.

JUSTEIN FILHO, Marçal. *Comentários à lei de licitações e contratos administrativos.* 13ª ed. São Paulo: Dialética, 2009.

KOSSMANN, Edson Luís. *A constitucionalização do principio da eficiência na administração pública.* Porto Alegre: Sergio Antonio Fabris, 2015.

LOURENÇO, Maria Alexandra; PAIXÃO, Judite Cavaleiro. Contos do Reino e Casa". *Revista do Tribunal de Contas*. Lisboa: Tribunal de Contas de Portugal, n. 21/22 – Janeiro/Dezembro 1994 e n. 23 – Janeiro/Setembro, 1995.

MARTINS, Ives Gandra da Silva. Parecer: As Cortes de Contas são instituições permanentes de impossível extinção nos termos da Constituição Federal – sua competência é imodificável por legislação infraconstitucional". São Paulo, 12 de fevereiro de 1992.

MAXIMIANO, Antonio Cesar Amaru; NOHARA, Irene Patrícia. *Gestão Pública Abordagem Integrada da Administração e do Direito Administrativo.* São Paulo: Atlas, 2017.

MEDAUAR, Odete. *Controle da Administração Pública.* São Paulo: RT, 1993.

MEIRELLES, Hely Lopes. *Direito administrativo brasileiro.* 33ª ed. São Paulo: Malheiros, 2007.

MILESKI, Helio Saul. *O controle da gestão pública.* 3ª ed. Belo Horizonte: Fórum, 2018.

MOURA E CASTRO, Flávio Régis Xavier de. O novo Tribunal de Contas: visão sistêmica das leis orgânicas dos Tribunais de Contas dos Estados e Municípios do Brasil. Revista do Tribunal de Contas do Estado de Minas Gerais, ano 1, n. 10, Belo Horizonte, pp. 127-166, 1983.

REFERÊNCIAS BIBLIOGRÁFICAS

FERNADES, Jorge Ulisses Jacoby. *Tribunais de Contas do Brasil*: jurisdição e competência. Belo Horizonte: Fórum, 2016.

OLIVEIRA, Regis Fernandes de. *Curso de direito financeiro*. 5ª ed. São Paulo: Revista dos Tribunais, 2013.

PALMA, Rodrigo Freitas. *História do Direito*. São Paulo: Saraiva, 2017.

PARDINI, Frederico. *Tribunais de Contas*: órgão de destaque constitucional. Tese de Doutorado – Faculdade de Direito da Universidade Federal de Minas Gerais, 1997.

SANTOS, Jair Lima. *Tribunal de Contas da União & controles estatal e social da Administração Pública*. Curitiba: Juruá, 2005, p. 59. Apud AGUIAR, Simone Coêlho. *Origem e Evolução dos Tribunais de Contas*. Disponível em: http://www.publicadireito.com.br/artigos/?cod= d90d 801833a681b1. Acesso em 20 de julho de 2019.

SANTOS, Jair Lima. *Tribunal de Contas da União & controles estatal e social da Administração Pública*. Curitiba: Juruá, 2005.

SARLET, Ingo Wolfgang. *Curso de direito constitucional*. São Paulo: Saraiva, 2017.

SIMÕES, Edson, *Tribunais de Contas*: controle externo das contas públicas. São Paulo: Saraiva, 2014.

_____. "Tribunais de Contas Municipais" ou Tribunais de Contas dos Municípios dos e Municipais. *In*: MARTINS, Ives Gandra da Silva; GODOY, Mayr (coord.). *Tratado de Direito Municipal*. São Paulo: Quartier Latin, 2012.

TORRES, Ricardo Lobo. *A legitimidade democrática e o Tribunal de Contas*. Revista de Direito Administrativo, vol. 194. out/dez. 1993

ZYMLER, Benjamim. *O controle externo das concessões e das parcerias público-privadas*. 2ª ed. Belo Horizonte: Fórum, 2008.

_____. *O Tribunal de Contas da União*: vinte anos após a Constituição Federal de 1988. Revista da Procuradoria Geral do Município de Juiz de Fora – RPGMJF, Belo Horizonte, ano 3, n. 3, p. 275/287, jan./dez. 2013.

A Editora Contracorrente se preocupa com todos os detalhes de suas obras!
Aos curiosos, informamos que este livro foi impresso no mês de outubro
de 2019, em papel Pólen Soft 80g, pela Gráfica Rettec.